Impressum

Konzept und Redaktion: Wilfried Setzler

Gestaltung: Büro für Gestaltung, Tübingen
Michael Stoll, Claudia Werder, Beate Mezger

Repro: Repro Maurer, Tübingen

Druck: Gulde Druck, Tübingen

Abbildungsnachweis:
ältere Fotos: Stadtarchiv Tübingen
Reproduktionen der historischen Ansichten und Objekte:
Manfred Grohe (Kirchentellinsfurt) nach Original-Vorlagen aus den Städtischen Sammlungen im Theodor-Haering-Haus (Stadtmuseum)
moderne Fotos: Peter Neumann (Ammerbuch),
Paul Bicheler (Tübingen) und Manfred Grohe (Kirchentellinsfurt)

Verlag: Schwäbisches Tagblatt, Dezember 1997

ISBN 3-928011-27-8

Wilfried Setzler

Tübingen

Auf alten Wegen Neues entdecken

Ein Stadtführer

Inhalt

Zum Auftakt:

Ein Blick auf die Neckarfront und ein Überblick zur Stadtgeschichte

Den Zugang in die einst von einer Mauer umgebenen Stadt Tübingen kontrollierten bis ins 19. Jahrhundert fünf mächtige Tore. Wer sie – tagsüber – durchqueren wollte, mußte je nach dem, ob er zu Fuß ging, auf einem Pferd daherkam oder mit einem Wagen Ware transportierte, Einlaßgeld bezahlen. Nachts blieben die Tore und damit die Stadt verschlossen. Heute hat sich dies gründlich geändert und von den mittelalterlichen Stadttoren steht keines mehr, dennoch: dort wo einst die Tore standen, sind noch immer die Zugänge zur Altstadt. Und die heutige Besucher- oder Benutzerfrequenz spiegelt erstaunlicherweise noch immer die mittelalterliche Rangfolge der Tore. Am häufigsten durchquert wurde einst das Neckartor, ihm folgten mit weitem Abstand das Lustnauer und das Schmiedtor, am

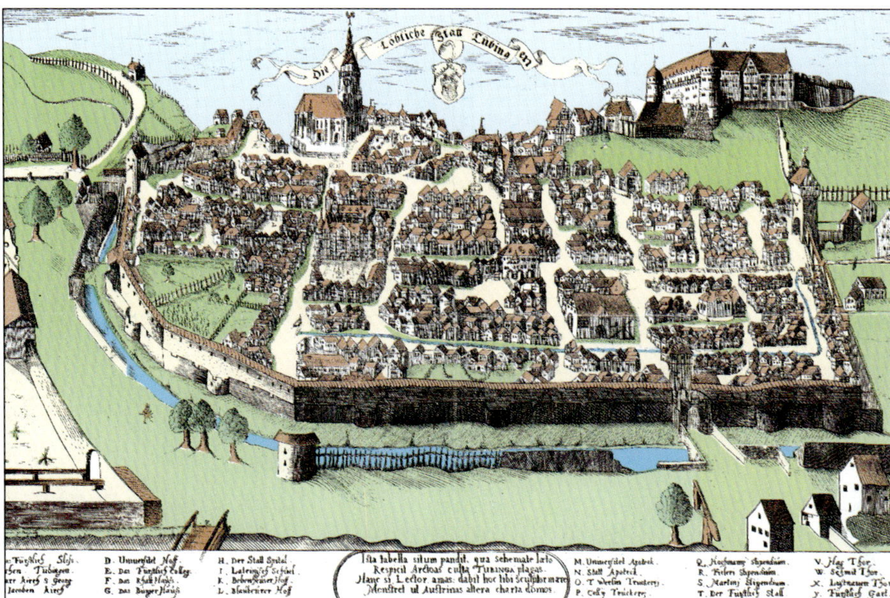

Tübingen, bis ins 19. Jahrhundert geschützt von Mauern und Toren, eine Ansicht von Norden, um 1620.

wenigsten genutzt wurden das Haagtor und das Hirschauer Tor. Begünstigt durch die Lage des Bahnhofs und die der großen Parkhäuser am Altstadtrand ist dies noch heute so: Die meisten Besucher der Altstadt kommen über die Neckarbrücke und passieren zu Beginn der anschließenden Neckargasse den Ort des ehemaligen Neckartors.

So wollen auch wir uns der Altstadt von Süden, vom Neckar her nähern, nicht nur wegen der Tradition, sondern weil man von hier, von der Neckarbrücke oder fast noch besser von der Platanenallee aus, den schönsten Blick auf Tübingen hat. Ein Blick, der in der Literatur immer und immer wieder beschrieben worden ist und wird, etwa unter der Überschrift „Tübingen oder die Harmonie" von Johannes R. Becher 1937:

„Könnt ich so dichten, wie hier alles klug
Verteilt ist, jedes steht an seiner Stelle.
Des Dunkeln nicht zuviel, genügend Helle,
Die Burg, die Brücke, und der Straße Zug

Zur Burg hinauf: verborgen nicht zu viel
Und sichtbar doch nicht alles. Auch die Wellen
Des Neckars halten Maß: in ihrem Spiel
Erscheint das Meer schon, und zugleich der Quellen

Ursprung ist spürbar. So geordnet ist
Dies alles, einfach, und doch reich gegliedert.
Wie ewiges Gespräch. Darin vermißt

Man keine Stimme. Alles wird erwidert.
Zur Brücke spricht die Burg. Die Brücke spricht
Hinab zum Fluß. Ins Dunkel spricht das Licht."

Und selbst jene, die meinen, es gäbe noch schönere Blicke auf Tübingen, etwa vom Österberg, vom Schloß, vom Platz vor der Nervenklinik oder vom Steinenberg herab, müssen mindestens anerkennen, daß man von hier die „Schokoladenseite" Tübingens sieht, daß die Neckarfront in den vergangenen Jahrhunderten am häufigsten beschrieben, dokumentiert und wiedergegeben wurde:

in Prospekten und Büchern, auf Holz-, Kupfer- und Stahlstichen, Lithographien, Aquarellen, Fotografien, Postkarten. Das ist jener Blick, der die visuelle Vorstellung von Tübingen geprägt, zur idyllisierenden Verklärung der Stadt geführt hat, ja zum Wahrzeichen des „romantischen Tübingen am Neckar" geworden ist.

Dabei gibt es aus der Vergangenheit auch ganz despektierliche Beschreibungen dieser Sicht auf die Stadt. So notierte zu Beginn des 19. Jahrhunderts Christoph Heinrich Pfaff: *„In die schöne Harmonie der Natur bringt diese Stadt den unangenehmsten Mißklang. Mit dem größten Eigensinne, wüste Häuser und wüste, schlechte Straßen zu bauen, kann man es kaum weiter treiben als hier geschehen ist. Die Stadtmauer, die hier vom Neckar bespült wird, ist mit dicht aufeinanderstehenden Häusern besetzt. Wo der kleinste Zwischenraum zwischen den Dächern derselben gelassen ist, schaut ein anderes Haus hervor. Das ganze stellt einen verworrenen Haufen von den unangenehmsten Gestalten vor."*

Die „mittelalterliche Neckarfront", berühmte „Schokoladenseite" der Stadt, mit den Häusern auf der alten Stadtmauer, Ende des 16. Jahrhunderts.

Nüchtern und kommentarlos beschreibt Johann Wolfgang Goethe während seines Besuchs bei Cotta 1797 diesen Blick: *„. . . der Abhang nach der Morgenseite, gegen den Neckar zu, zeigt die großen Schul-, Kloster-, und Seminariengebäude"*. Doch überwiegen auch schon zu jener Zeit die Stimmen, die von diesem Blick gefangen sind, die eine „Kulturwelt an der Neckarseite" sehen oder ergriffen wie Eduard Mörike reagieren, der, als er *„die Häuserfront der Stadt am Neckar nach alter Weise erleuchtet"* sah, *„unwillkürlich"* seine Hände faltete. Und durchblättert man die auf uns gekommenen Stadtansichten aus den letzten fünf Jahrhunderten, so wird deutlich, daß dies der fast ausschließliche Blick aller Vedutenschneider oder Maler war, ein Blick, den sie möglichst naturgetreu, manchmal romantisch gefärbt, immer aber fasziniert, abgebildet haben.

Wer ein wenig Zeit hat, sollte diese Stadtsilhouette nicht nur mit einem flüchtigen Blick von der Brücke aus aufnehmen, er sollte von ihr die Treppe zur Platanenallee hinabsteigen und ein Stück am Ufer entlang, etwa bis zum Silcherdenkmal, gehen.

Dabei kann man auch die Platanenallee selbst bewundern, über deren Einzigartigkeit schon 1901 ein Journalist schreibt: „*Das Kleinod unserer Musenstadt sind ihre herrlichen Alleen, die in ihrer Eigenart weithin im Lande und über die schwarz-roten Pfähle hinaus ihresgleichen suchen. Der Schönheitssinn früherer Geschlechter, gepaart mit der Freude an der herrlichen Gottesnatur, hat sie in den ersten Jahrzehnten des 19. Jahrhunderts in anmutiger Mannigfaltigkeit erstehen lassen und zugleich in einer Ausdehnung, die dem gegenwärtigen durch finanzpolitische Finanzrücksichten angekränkelten Geschlecht verschwenderisch erschiene.*“

Vor allem aber sollte man über den Neckar hinweg auf die Stadt sehen. Dabei tun sich viele pittoreske Einzelblicke auf, manch interessantes Detail kann geschaut, aber auch die einzigartige Lage der Stadt in ihrer Gesamtheit wahrgenommen werden.

„Staufische Buckelquader“ in der Stadtmauer am Neckar, Teile der Stadtbefestigung aus dem 13. Jahrhundert.

Da kann man etwa gleich zu Beginn gegenüber an der Stadtmauer unterhalb des Cafés „Neckartor“ ziemlich nahe am Fluß staufische Buckelquader erkennen, im Stil des 13. Jahrhunderts behauene große Steinblöcke, äußerer Nachweis des Alters der Mauer, die 1262 erstmals urkundlich genannt wurde. Man sieht, wie die Häuser ganz unterschiedlich auf der Stadtmauer aufsitzen, wie die Stiftskirche, die Dächer um sich sammelt gleich einer „Glucke ihre Küken". Man sieht zum Hölderlinturm hinüber, zur alten Burse, zum Stift, hoch zum Schloß.

Die Platanenallee – Parkbänke laden zum Sitzen ein – bietet auch den besten Platz, sich einen kurzen Überblick über die Geschichte der Stadt zu verschaffen, was nachfolgend geschehen kann:

Wie andere „ingen-Orte" auch, wurde Tübingen vor etwa 1500 Jahren von den Alamannen gegründet. In der Mitte des 11. Jahrhunderts errichteten die adligen Herren von Tübingen, die gleichnamigen Grafen, über dem Dorf eine Burg und bauten es aus zur Stadt mit Marktplatz, Pfarrkirche und Stadtmauer. 1342 verkauften die verarmten Grafen von Tübingen ihre Stadt an die Grafen von Württemberg. Seitdem teilt sie die Geschichte des Landes, ja bestimmt sie diese als ein politisches und vor allem als geistiges Zentrum mit.

Wappen der Stadt Tübingen: eine dreilatzige Fahne, Wappen der Grafen von Tübingen, den Stadtgründern, seit 1514 vermehrt durch die württembergischen Hirschstangen.

Nach Stuttgart war Tübingen, gemessen an der Einwohnerzahl und der Wirtschaftskraft, für Jahrhunderte die zweitgrößte Stadt des Landes, die bei der Erhebung der Grafschaft zum Herzogtum 1495 auch zweite Residenz- und Hauptstadt wurde. Ihre Rolle zeigte sich deutlich, als die Tübinger städtische „Ehrbarkeit" 1514 von Herzog Ulrich im Zusammenhang mit dem „Remstalaufstand" den sogenannten Tübinger Vertrag erzwang, jenes „alte, gute Recht" (Ludwig Uhland), das den Württembergern eine Mitsprache in der Regierung des Landes einräumte und erstmals im Festlandeuropa Grund- und Menschenrechte garantierte. Diese „magna charta Württembergs" bestimmte auf Jahrhunderte die württembergische Innenpolitik und spielte noch bei den Verfassungskämpfen zu Beginn des 19. Jahrhunderts eine große Rolle.

Eine Spätblüte als „andere", zweite Stadt Württembergs erlebte die Universitätsstadt nach dem Zweiten Weltkrieg, als Tübingen Hauptstadt des Landes Südwürttemberg-Hohenzollern wurde und dies bis zur Gründung des Südweststaates „Baden-Württemberg“ 1952 blieb.

Das folgenreichste Ereignis für die Stadt freilich war die Gründung der Universität durch den württembergischen Grafen Eberhard im Bart zum Jahr 1477. Seitdem bestimmt das Mit- und Nebeneinander, manchesmal auch das Gegeneinander von Stadt und Universität im wesentlichen das Wohl und Wehe der Bürger. *„Steht die Universität in Flor, so blüht auch die Stadt“*, heißt es im 17. Jahrhundert.

Eberhard im Bart, Graf von Württemberg (1445 – 1496), Gründer der Universität Tübingen 1477, 1495 in Herzogstand erhoben.

Und dafür gibt es viele Beispiele: Mit der Einführung der Reformation in Württemberg 1534 erhielt die Universität eine neue Struktur, neue Lehrer wurden berufen, neue Einrichtungen in der Stadt geschaffen, wie das weltberühmte Evangelische Stift oder später das Collegium Illustre, eine Adelsakademie. Einer Katastrophe gleich kam der Dreißigjährige Krieg (1618–1648). Stadt und Universität litten gleichermaßen, Hunger und Pest, plündernde und mordende Soldaten dezimierten die Bevölkerung; Stadt- und Universitätsbürger verloren ihr Vermögen, der Silberschatz der Universität wurde eingeschmolzen, ihre Bibliothek entführt. Von dieser Verheerung haben sich Stadt und Universität lange nicht erholt. Zur wirtschaftlichen Misere gesellte sich eine geistige Verengung. Die vorher blühende Hochschule – noch 1623 erfand Professor Wilhelm Schickard die erste mechanische Rechenmaschine der Welt – sank auf ein bescheidenes Niveau. Die Lehrstühle waren fest in der Hand einzelner Familien: in Selbstergänzung kamen nicht selten Söhne oder Schwiegersöhne in frei werdende Stellen.

Gründungsurkunde der Universität Tübingen mit der inserierten Bulle des Papstes Sixtus IV. vom 11. März 1477.

Erstaunlich, daß trotz aller Vetterleswirtschaft und trotz der provinziellen Verhältnisse immer wieder Gelehrte an der Hochschule wirkten, denen überregionale Bedeutung zukam, wie Rudolf Jakob Camerarius, der Entdecker der geschlechtlichen Natur der Pflanzen, oder Johann Georg Gmelin, der Erforscher Sibiriens.

Seit Mitte des 18. Jahrhunderts versuchte Herzog Karl Eugen die Universität zu reformieren. Als sich die Tübinger Professoren dem widersetzten, gründete er kurzerhand eine Konkurrenz-Universität, die „Hohe Karlsschule" in Stuttgart. In Tübingen sanken daraufhin die Studentenzahlen unter 200, für die Stadt schien sich der wirtschaftliche Ruin anzubahnen, lebten von den Studenten doch nicht nur die Professoren, sondern auch die Gastwirte, Buchbinder, Zimmerwirte, Kosttischgeber, Schneider, Metzger, Schuster, Stammbuchmaler, Kutscher. Nur der Tod des Herzogs und die Aufhebung der Konkurrenz 1794 bewahrten Tübingen vor dem Schlimmsten.

Herzog Karl Eugen von Württemberg (1728 – 1793), zweiter Namenspatron der Eberhard-Karls-Universität, Gründer der „Hohen Karlsschule" in Stuttgart als Tübinger Konkurrenz.

Mit den politischen Veränderungen zu Beginn des 19. Jahrhunderts erhielten Stadt und Universität neue Impulse. 1817 wurde an der Hochschule eine Staatswissenschaftliche Fakultät – die erste in Deutschland – eingerichtet mit Friedrich List als Professor; im selben Jahr erhielt sie neben der Evangelisch Theologischen Fakultät eine Katholische. 1863 wurde in Tübingen als erster deutscher Universität eine Naturwissenschaftliche Fakultät begründet. Am gewichtigsten waren die Veränderungen im Bereich der Medizin. Eine ganze Reihe von Spezialfächern nahmen von Tübingen her ihren Ausgang in Deutschland. Hand in Hand mit der Entstehung neuer Disziplinen und der Verselbständigung der Medizin ging eine rege Bautätigkeit. Mit der Universität veränderte sich die Stadt. Die mittelalterlichen

Tore und Mauern wurden abgerissen, 1861 fand Tübingen Anschluß an das Eisenbahnnetz (der württembergische König hatte dies lange verzögert wegen der führenden Rolle, die Tübinger Köpfe in der 48er Revolution gespielt hatten). Im Jahr 1900 zählte man bei 1000 Studenten 15 000 Einwohner, 1925 bei 2500 Studenten 20 000 Bürger.

Tatsächlich prägte und prägt die Universität das äußere Gesicht, das innere, soziale und gesellschaftliche Leben der Stadt ebenso wie deren Demographie und Wirtschaftsstruktur. Treffend sagt das Bonmot, „Tübingen hat keine Universität, Tübingen ist eine Universität."

So entstand nach 1477 bei der Stiftskirche auf dem Rücken des Berges hin zum Schloß das alte Universitätsviertel, natürlich in der „oberen Stadt", die sich noch heute deutlich unterscheidet von der „unteren Stadt", mit ihren kleinen Fachwerkhäusern, dem

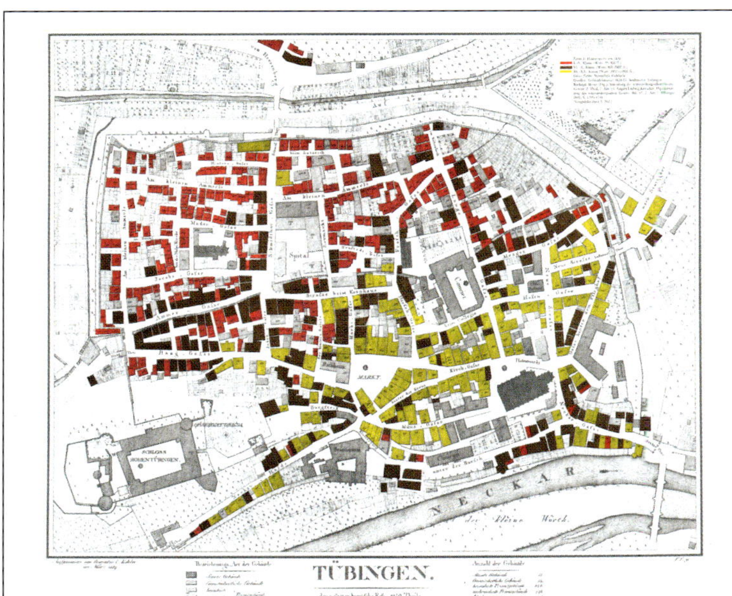

Am Schätzwert der Häuser um 1830 wird deutlich, daß „obere und untere Stadt" mehr als nur geographische Unterscheidungsmerkmale aufwiesen.

Wohnort der Handwerker, Bauern und Weingärtner. Und mit dem Aufschwung der Universität im 19. Jahrhundert kam es dann vor der Altstadt im Ammertal zum Bau eines neuen Universitäts- und Stadtviertels. Ähnliches geschah nach dem Zweiten Weltkrieg. Der Raum in den Tälern reichte nicht mehr aus, um die Spezialisierung der wissenschaftlichen Disziplinen und die immer schneller steigenden Studentenzahlen aufzufangen. Die Universität und die Stadt zogen auf die Berge. Zum naturwissenschaftlichen Zentrum auf der Morgenstelle, zum Neuklinikum auf dem Schnarrenberg gesellten sich Wohnbauten auf Waldhäuser-Ost, auf der Wanne.

Tübingen von Süden, ein Blick, der seit Jahrhunderten gerühmt wird, Ansicht aus dem 18. Jahrhundert.

Die Universität beeinflußte auch die städtische Wirtschaftsstruktur. Am Sitz der Musen, neben „Athenes Tempel“, wurde keine „Schmiede des Hephaistos“ geduldet. Wissenschaftliches Forschen verbannte den Industrielärm, -rauch und -gestank. Heute ist die Universität mit über 8 000 Bediensteten der weitaus größte Arbeitgeber, der somit natürlich auch die Bevölkerungsstruktur bestimmt, zumal Tübingen bei rund 85 000 Einwohnern mit etwa 22 000 Studenten die höchste „Studentendichte“ einer deutschen Universitätsstadt aufweist. Das alles hat natürlich auch Auswirkungen auf die Zusammensetzung des Tübinger Gemeinderats, auf die Verkehrsplanung, das Kulturangebot, das gesellschaftliche Leben und vieles mehr.

Tübingen gilt vielen als Stadt des Geistes, als Ort, in dem – etwa am Evangelischen Stift – ein Stück europäischer Geistesgeschichte mitgeschrieben wurde. Andere bezeichnen Tübingen als romantisch, wegen der idyllischen Altstadt oder wegen der mit Tübingen verbundenen Dichter wie Uhland, Schwab, Hauff, Mörike, Kerner, Hesse. Wieder anderen ist diese Stadt, in der Kepler, Hegel, Schelling ihr geistiges Rüstzeug erhielten, in der Friedrich Silcher seine Lieder komponierte, in der Hölderlin lebte, in der Ernst Bloch, Theodor Eschenburg, Walter Jens, Hans Küng, Hans Mayer lehrten und lehren, ein Widerborst, ein Ärgernis und Stachel, voll revolutionärer Umtriebe. In Tübingen, behaupten manche, sei alles anders als anderswo.

Sicher ist: Die Stadt Tübingen hat von alledem etwas. Ihr Hauptcharakteristikum aber ist das „sowohl als auch". Tübingen ist ein Ort des Widerspruchs, die junge alte, die kleine große Stadt. Tübingen hat noch immer eine Obere und Untere Stadt, ist Provinz und Weltstadt, Universitätsdorf und Neckar-Athen: eng und weltoffen, weit und überschaubar.

Tübingen aus der Vogelperspektive.

Tübingen ist, wie Mörike formulierte, *„das Land das ferne leuchtet"* und ein *„Ort, den man weit auf Erden vergeblich sucht"*, dessen Schönheit, *„anmutige Lage, Fruchtbarkeit und Gesundheit"* allerdings *„lieber mit eigenen Augen geschaut als angepriesen werden soll"*, wie es in der Stiftungsurkunde der Universität 1477 heißt.

Durch die obere Stadt: Sitz der Musen, Dichter und Denker

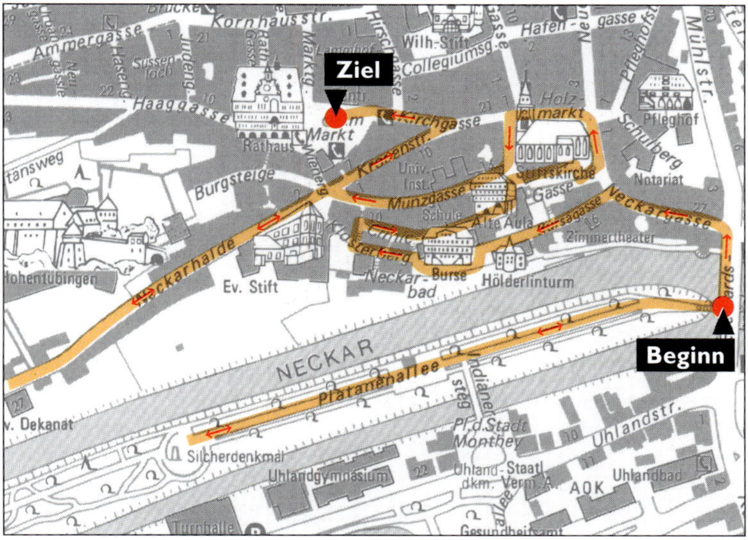

Nach diesem Exkurs zur Stadtgeschichte und dem Blick auf die Stadt geht es nun also über die Neckarbrücke hinein in die Altstadt. Dazu biegen wir nach der Brücke links in die Neckargasse ein und folgen nicht den geradeaus fahrenden Autos. Hier links der Brücke beginnt die Altstadt. Die Bebauung auf der rechten Brückenseite (Gartenstraße) erfolgte erst zu Beginn des 19. Jahrhunderts, den Anfang bildete das Wohnhaus von Ludwig Uhland, dem berühmten Tübinger Dichter, Gelehrten und Politiker, das im Zweiten Weltkrieg den Bomben zum Opfer fiel. Und die geradeaus führende

Die Brücke zu Tübingen mit dem mächtigen Neckartor, Kupferstich 1735.

Mühlstraße ist gar erst gegen Ende des letzten Jahrhunderts entlang der Stadtmauer in den Berg gebrochen worden, bis dahin kamen alle Brückenbenutzer nur über das Neckartor und die sich anschließende Neckargasse weiter.

Blick von der Neckarbrücke auf das Wohnhaus von Ludwig Uhland, vor dem Durchbruch der Mühlstraße. Links sind noch zwei Pfeiler vom Neckartor erkennbar. Farblithographie um 1855.

Neckartor

Hier also, am ehemaligen Neckartor beginnt der klassische Rundgang durch die Altstadt, hier steht man im Eingang, jetzt betritt man das alte Tübingen, schreitet andächtig hinein und hinauf zu den Dichtern und Denkern. Durch diese Gasse fuhren einst die Ochsengespanne und Lastwagen, die Güter auf den Tübinger Markt brachten. Und daß diese Straße auch zum Fluchtweg werden konnte und dieses Tor auch ein Ausgang war, belegt die Selbsthilfe der „unteren Stadt" im Hungerjahr 1817, als man ihr und ihrem Vieh den Zugang zu der Wöhrdweide jenseits des Neckars versperrte, weil die nun Exerzierplatz der Studenten geworden war: *„Da drängte sich eines Morgens brüllend die ganze Herde der unteren Stadt, die Weingärtner drohend in Masse gemischt, wie ein feindliches Heer die Neckargasse herab gegen das geschlossene Neckartor, und begehrte Öffnung. Der Lärm war ungeheuer, die Verwirrung und Verwicklung von Mensch und Vieh erschrecklich; in der Mitte sprengte auf seinem Rappen Polizeicommissär Groß, zur Beschwichti-*

Ausritt der Tübinger Studenten, Neckartor (?) mit dem Tübinger Wappen (rechts), wohl Phantasiebild mit diversen Anspielungen, um 1820.

gung der Gemüter seine (leere) Pistolenhalfter zeigend, und sprach zu dem tobenden Haufen: ‚Bürger von Tübingen! wißt ihr nicht, was Rom den Untergang gebracht hat? das waren innere Zwistigkeiten!' Niemand weiß, was diese Rede hätte für eine Wirkung haben können, wenn sie nur Zeit gehabt hätte zu wirken. Allein in demselben Augenblick erscholl drüben am Thor ein gewaltiges: Auf muß es sein! ein heftiges Rütteln erschütterte es, die gesprengten Ketten klirrten, auseinander rauschten grillend die Flügel, Menschen und Kühe drückten schreiend hinaus, und Rom war auch so gerettet."

Neckargasse

Die Neckargasse ist heute eine der teuersten Straßen Tübingens, was die Bodenpreise und die Mieten anbelangt. Sie eröffnet nicht nur den Touristen- sondern auch den Einkaufsweg, der an der Stiftskirche vorbei zum Marktplatz führt. Noch halten sich einige kleinen Geschäfte, doch ihr Sterben hat längst begonnen. Kaufhausketten ziehen ein, bauen um, reißen ab. Noch sieht man, wie die Straße in den vergangenen Jahrhunderten gewachsen ist, die Häuser springen vor und zurück, kleine stehen neben großen, unter manchem Dach finden sich mehrere vereinigt. Schon immer zählte die Gasse zu den besseren Vierteln der Stadt, doch nicht wie sonst dabei üblich in der Hand von Akademikern, sondern bis in unser Jahrhundert im Eigentum und in der Verfügung „besserer" Handwerker. Die Geschichte der Häuser ist eine Geschichte der Bäcker, Weber, Messer-, Kupfer-, Huf- und Nagelschmiede, der Schuh-, Hut- und Büchsenmacher, der Maler, Hafner, Schlosser, Seiler, Sattler und Seckler. Nur oben, in der Nähe der Stiftskirche wohnten einige wenige Professoren, aber selbst das Haus Nr. 3, Wohnort des ersten Universitätsrektors Johannes Vergenhans gen. Naukler kam schließlich in den Besitz eines Zinngießers.

Am 15. März 1944 zerstörten Luftangriffe das Uhlandhaus und einige benachbarte Gebäude beim Neckartor.

Bis zum Bau der Mühlstraße 1887 war sie die meist befahrene und begangene Straße der Stadt und selbst danach zählte sie noch zu den Hauptverkehrsadern. Heute ist die Neckargasse Fußgängerzone, eine der ersten, die es gab.

Eine wechselreiche Geschichte hat das Gebäude Neckargasse 22. Das Äußere dieses modernen Geschäftshauses „Neckartorapotheke" läßt kaum noch erahnen, daß hier einst eine Pulver-, Walk- und Kornmühle stand, daß in ihm 1900 Tübingens erstes Hallenbad mit Schwimmhalle eingeweiht wurde, das so undicht war, daß es schon drei Jahre später wegen „des Schwamms", der in alle Räume kroch, wieder aufgegeben werden mußte, daß hier im Kino Metropol die ersten Filme ihr staunendes Tübinger Publikum fanden.

Eduard Mörike (1804 – 1875).

1825 wohnte hier Eduard Mörike in einem „blauen Zimmer", das er in einem Brief an seine Mutter beschrieb: *„Dabey dicht an unserer Wand in der Tiefe ein Mühlrad und sein Wasser stürzt sich in einer breiten Rinne gefaßt mit unaufhörlichem lauten Geräusch in den vorbeyfließenden Strom."*

Berthold Auerbach (1812 – 1882).

Etwa ein Jahrzehnt nach ihm zog Berthold Auerbach ein, später berühmt geworden durch seine „Schwarzwälder Dorfgeschichten", damals aber noch Student und Mitglied der Burschenschaft Germania. In einer Zeit wachsender politischer Repression mag ein Stammbucheintrag, den er 1833 verfaßt hat, für die Grundstimmung der damaligen Studentenschaft stehen: *„Freiheit ist das, was wir – nicht haben, was man uns schnöder Weise geraubt, wofür man uns das Joch des fremden Willen auferlegt, das wir aber abzuschütteln uns vorgenommen, und – sollte es den Kopf nach sich ziehen."* Wenige Wochen später wurde er verhaftet, den Kopf hat's nicht gekostet, doch Festungshaft und die Laufbahn als Jurist oder jüdischer Theologe – Berufe, zwischen denen er hin und her geschwankt war.

Wer die ans Nachbarhaus (Nr. 20/18) grenzende Treppe hinabsteigt, findet seinen Weg zu einer Pizzeria im Rest eines ehemaligen Turms mit „Kellerblick“ auf den Neckar oder zum Zwingel, einem schmalen Weg zwischen den Stadtmauern entlang des Neckars zum Hölderlinturm. Wer diesen Weg entlang geht, genießt einen schönen Blick auf die Platanenallee jenseits des Neckars, kommt vorbei an kleinen Gärten vor der hoch aufragenden Stadtmauer zum Hölderlinturm.

Man kann allerdings mit dem gleichen Ziel auch die Neckargasse weiter aufwärts gehen, vorbei an Nr. 14, wo im Wintersemester 1814/15 Georg Ludwig Sand wohnte, dessen Attentat 1819 auf den Schriftsteller und russischen Staatsrat August von Kotzebue – auf der bloßen Brust trug Sand das grün-blau-weiße Band seiner Tübinger Verbindung – die Karlsbader Beschlüsse auslöste, die ihrerseits über die politisch unruhigen Universitäten, vor allem über die Studenten und ihre Zusammenschlüsse „Grabesruhe“ senkten.

Es ist kaum zu übersehen, daß im Haus Nr. 2 Cigarren verkauft wurden, worauf der Eigentümer 1895 mit dem ihm eigenen Geschmack durch eine besondere Bemalung und Beschriftung seines Hauses hinwies. Um dem eine historische Authentizität zu geben ursurpierte er die Jahreszahl vom Hauptgebäude, an dem sie erst beim zweiten Hinschauen auffällt, und bekrönte dies alles mit einem schwungvollen Turmhelm.

Verzierung am Haus Neckargasse 4 mit einem doppelköpfigen Reichsadler und der Jahreszahl 1584.

Bursagasse / Zimmertheater

Nun geht es die Bursagasse abwärts. Nicht zu übersehen ist gleich links das Zimmertheater. Dieses, 1958 von den aus Danzig vertriebenen Brüdern Johst als privates Kleintheater mit Osbornes „Blick zurück im Zorn“ eröffnet, unter der künstlerischen Leitung von Salvatore Poddine 1967 bis 1972 zur *„wohl erfolgreichsten deutschen Kleinbühne profiliert“* (Spiegel), ist heute (seit 1973) in Trägerschaft der Stadt nicht minder engagiert, vor allem in der Inszenierung neuer, moderner Stücke.

Hölderlinturm

Wenige Schritte weiter kommt man links, durch eine Lücke in der Häuserzeile, zur Neckarfront und zum Hölderlinturm, Tübingens bekanntester und wohl auch bedeutendster Gedenkstätte.

Beim jährlich stattfindenden Stocherkahnrennen rund um die Platanenallee ist fast alles erlaubt

Vom Platz vor dem Haus aus, vom Zwingel, hat man einen guten Blick auf die „Neckarfront" der Stadt, auf all die der Stadtmauer aufsitzenden Häuser. Dort am Neckar ist auch eine Anlegestelle für Stocherkähne.

„Da im Clinikum nichts weiter mit Hölderlin zu machen war, so machte der Canzler Autenrith mir den Vorschlag Hölderlin in mein Hauß aufzunehmen, er wüßte kein pasenderes Lokal . . . Damahls habe ich seinen Hiperion . . . geleßen welcher mir ungemein wohl gefiel. Ich besuchte Hölderlin im Clinikum und Bedaurte ihn sehr, daß ein so schönner Herlicher Geist zu Grund gehen soll . . . Ich willigte ein, und nahm ihn auf." So schreibt der Schreinermeister Ernst Zimmer, der am 3. Mai 1807 Friedrich Hölderlin in seinem gerade erst gekauften Haus Unterkunft bot. Und was nur einige Monate dauern sollte – der Klinikdirektor und Medizinprofessor Autenrieth hatte Hölderlin nur noch eine kurze Lebensdauer prophezeit –, währte schließlich 36 Jahre.

Das Haus des Schreinermeisters Zimmer, in dem Friedrich Hölderlin von 1807 bis zum seinem Tod 1843 lebte, der sogenannte Hölderlinturm. Nach einem Aquarell um 1860.

In dem damals zweistöckigem Haus erhielt Hölderlin das Turmzimmer im 1. Stock. Als ein *„kleines geweißnetes*

Amphitheatralisches Zimmer" beschreibt es Wilhelm Waiblinger, der Hölderlin oft besuchte und ihn auch bisweilen zu Spaziergängen oder in sein Gartenhaus mitnahm. Bescheiden wie das Ausmaß war auch dessen Ausstattung: ein „*Kasten*", also ein Schrank, ein Tisch, zwei Stühle, ein Bett und ein Ofen. 1825 bekam er zu seiner großen Freude noch ein „*kleines Sopha*".

Im Turmzimmer empfing er mit großen Gesten und vielen Worten seine Besucher, hierher führten Justinus Kerner und Eduard Mörike ihre Freunde, sandte Ludwig Uhland zum Geburtstag rote Tulpen, kam Gustav Schwab, um die erste Werksausgabe vorzubereiten. Und hier fand ein Besucher den Hyperion an jener Stelle aufgeschlagen, wo es heißt: „*Mir beugte die Größe der Alten wie ein Sturm das Haupt, mir raffte sie die Blüte vom Gesicht, und oftmals lag ich, wo kein Auge mich bemerkte, unter tausend Tränen da wie eine gestürzte Tanne, die am Bache liegt und ihre welke Krone in die Flut birgt.*"

Phasen, in denen er tagelang vor sich hinbrütend, apathisch im Bette lag, wechselten mit solchen, an denen er stundenlang unermüdlich mit großen gewaltigen Schritten den langen Gang in der im Erdgeschoß untergebrachten Schreinerwerkstatt durchmaß, wobei er wohl mal mit einem Gesellen streiten oder aber auch ein Brett nehmen und darauf ein Gedicht schreiben konnte. Überhaupt schrieb er ganz artige Verse für seine Besucher, „*Gedichte zur Erinnerung, gleichmäßig und still hinschreitende dingliche Strophen in reinen Reimen*".

Friedrich Hölderlin (1770 – 1843), Jugendbildnis.

In einem Brief teilt 1812 Zimmer Hölderlins Mutter mit: „*Sein dichterischer Geist zeigt Sich noch immer thätig, so sah Er bey mir eine Zeichnung von einem Tempel Er sagte mir ich solte einen von Holz so machen, ich versetze ihm drauf daß ich um Brod arbeiten müßte, ich sey nicht so glüklich so in Philosofischer ruhe zu leben wie Er, gleich versetzte Er, Ach ich bin doch so ein armer Mensch, und in der nehmlichen Minute schrieb Er mir folgenden Vers mit Bleistift auf ein Brett*

Die Linien des Lebens sind Verschieden
Wie Wege sind, und wie der Berge Gränzen.
Was Hir wir sind, kan dort ein Gott ergänzen
Mit Harmonien und ewigem Lohn und Frieden.“

Zu Zeugen seines Denkens und Fühlens, zu Belegen für die „Zeit- und Namenlosigkeit“ wurden ihm seine Gedichte. Datiert er sie doch oft in ferne, vor seiner Geburt liegende Zeiten und zeichnet sie mit bislang nicht deutbaren Namen wie „Scardanelli“ ab. Auffällt, daß er in diesen Gedichten immer wieder versucht, die Landschaft vor seinem Zimmer, den von vielen als herrlich beschriebenen Blick aus dem Turm auf den Neckar, ins noch unverbaute Tal der Steinlach, auf den Rammert und auf die Schwäbische Alb festzuhalten.

Friedrich Hölderlin als Magister, Schattenriß 1790.

Zwar konnte er schon mal mit der Hand auf den Tisch schlagen, *„wenn er Streit gehabt – mit seinen Gedanken!“*, doch meist war er *„im Umgang sehr gefällig und zuvorkommende“*. 1828 schrieb Zimmer an Hölderlins Schwester: *„jetzt ist Er nicht mehr unglücklich, sein Gemüth ist ganz ruhig“*. Viel dazu beigetragen hat die gute liebevolle Pflege, die Hölderlin im Hause Zimmer genoß. Ernst Zimmer und nach seinem Tod 1838 seine Tochter Charlotte haben sich des Kranken angenommen, wie dies für damals ganz ungewöhnlich war. *„Ihre Geduld, ihre Achtung vor dem Dichter, ihre Liebe und Treue, zu dem hilfsbedürftigen Menschen erleichterten ihm“* – wie Peter Härtling schreibt – *„das Dasein in einer ihm entfremdeten Welt.“*

Friedrich Hölderlin, Bleistiftzeichnung von 1823.

Als Hölderlin am 7. Juni 1843, 73jährig, im Turm starb, waren er und sein Werk in Deutschland fast vergessen. In Tübingen waren es vor allem die Studenten, die das Wissen um ihn, der *„sich selbst verloren“* hatte, wach hielten. Die im Hause wohnenden Studenten trugen seinen Sarg, etwa 100 Studenten *„folgten der Leich“* zum Stadtfriedhof, Christoph

Schwab hielt die Traueransprache und die Akademische Liedertafel sang am Grabe.

Zweiundzwanzig Jahre nach dem Tod Hölderlins wurde von den Töchtern Zimmers das Haus an den Repetentendiener Sindlinger und von diesem an den Schuhmachermeister Eberhard veräußert, der es weiter ausbaute und im Erdgeschoß eine Badeanstalt einrichtete. Kaum ausgebaut brannten in der Nacht des 14. Dezember 1875 das Haus und der Turm bis aufs Erdgeschoß nieder. Der rasch vorangetragene Wiederaufbau orientierte sich zwar an den vorhandenen Grundmauern, brachte jedoch im wesentlichen einen Neubau im Zeitgeschmack. Mit einem Spitzhelm versehen erhielt der Turm einen völlig neuen, von Historismus geprägten Zuschnitt. Hölderlins ehemaliges Zimmer wurde vergrößert, das Haus insgesamt verlängert.

Hölderlinturm am Neckar, „Gruft und Tempel zugleich".

1921 kaufte die Stadt das Haus auf Drängen und mit finanzieller Unterstützung einer bürgerschaftlichen und studentischen „Vereinigung zur Erhaltung und Erwerbung des Hölderlinturms". 1954 übergab sie der 1943 (100. Todestag Hölderlins) gegründeten „Hölderlingesellschaft" das Erdgeschoß. In den Jahren 1983 und 1984 schließlich wurde das Haus gründlich renoviert und „rückumgestaltet". Oberstes Ziel der Baumaßnahmen war es, Möglichkeiten für eine Auseinandersetzung mit Hölderlin auf vielerlei Art zu schaffen. So wurden zum Thema „Hölderlin in Tübingen" ein Museum eingerichtet, doch darüber hinaus auch die Räume geschaffen für kleine Ausstellungen, für Lesungen, Konzerte, Diskussionen, Vorträge, wobei man darauf achtete, den Charakter des einstigen Wohnhauses als ein Stück bürgerlicher Architektur des 19. Jahrhunderts zu erhalten.

Ein Löwe, ein Namenszug und die Jahreszahl 1522 erinnern am Haus Bursagasse 4 an den berühmten Humanisten Johannes Reuchlin (1455 – 1522), der als Richter des Schwäbischen Bundes und als Hochschullehrer in Tübingen lehrte und wirkte.

Da von Hölderlins Möbeln nichts erhalten ist, sie sind wohl alle dem Brand von 1875 zum Opfer gefallen, ist sein Zimmer bewußt fast gänzlich leer gehalten. Nur zwei Stühle und ein Zyklus von vier Gedichten laden zur Begegnung mit dem Genius loci ein.

Geöffnet ist der Turm Dienstag bis Freitag von 10.00 bis 12.00 Uhr und von 15.00 bis 17.00 Uhr, Samstag, Sonntag und Feiertag von 14.00 bis 17.00 Uhr.

Zurück geht es wieder in die Bursagasse, an deren Nr. 4 (Gaststätte Hölderlinturm) ein steinerner Löwe daran erinnert, daß 1481 bis 1496 und 1521 bis zu seinem Tod der berühmte Humanist und Hebraist Johannes Reuchlin in Tübingen lehrte, der mit einem mutigen Gutachten die hebräischen Schriften vor der Vernichtung durch religiöse Eiferer bewahren konnte, selbst aber vom päpstlichen Bannstrahl getroffen wurde.

Burse

Nur wenige Schritte weiter folgt die zwischen 1478 und 1482, unmittelbar nach der Universitätsgründung erbaute Burse. Sie war zunächst Studien- und Wohnort für die „Artisten", Studienanfänger, die erst nach dem Studium der „sieben freien Künste" an der „unteren Fakultät" ihren „magister artium" erwerben mußten, bevor sie an den „oberen" Fakultäten Medizin, Jura oder Theologie studieren konnten. Unter strengem Reglement – so durfte nur Latein gesprochen werden – lebten Lehrer – wie etwa Philipp Melanchthon (Gedenktafel) – und Studenten unter einem Dach.

Tafel an der Burse, die an den Reformator Philipp Melanchthon, Tübinger Hochschullehrer und Großneffe Reuchlins, erinnert.

Nach der Reformation wurde die Studienanstalt aufgehoben und im Gebäude ein Studentenwohnheim eingerichtet, das immer mehr verfiel, bis es schließlich nach Plänen des Medizinprofessors Johann Ferdinand Autenrieth 1803/05 zum ersten Tübinger Klinikum umgebaut werden konnte. Zu den 12 kleinen Zimmern „für Kranke und Schwangere" gehörte auch ein vergittertes „Narrenzimmer", in dem Hölderlin einer der ersten Patienten wurde. Unter dem Vorwand, Bücher für den Landgrafen von Hessen zu kaufen, *„schükte mann ihn"* am 15. September 1806 nach Tübingen, *„eigendlich aber in daß Clinikum um unter Autenrith in Cuhr genomen zu werden."* Nach 231 Tagen wurde der *„gefallene Titan Hölderlin"*, nachdem alle Beruhigungs- und Reizmittel ebensowenig Besserung brachten wie die Autenriethsche Gesichtsmaske, als unheilbar entlassen.

Mit der Ausweitung und Auffächerung der Medizin im 19. und 20. Jahrhundert erwies sich die Burse bald als zu klein, eine Disziplin nach der anderen verließ das Gebäude, um im neuen Klinikviertel vor der Altstadt unterzukommen, zuletzt die Zahnmedizin. Nach einem erneuten Umbau konnten 1972 die Philosophen und die Kunsthistoriker in ihr Unterkunft finden.

Holzkapitelle im Eingangsbereich der Burse aus der Bauzeit 1478 / 80, mit dem Wappen und Symbol des Universitätsgründers, Graf Eberhard im Bart, sowie mit verschiedenen Sinnsprüchen.

Aus der Erbauungszeit kann man im Innern (Eingangshalle im Kunsthistorischen Institut) Holzkapitelle auf Pfeilern mit Wappen und frivolen Inschriften bewundern *„lieb haben und myden ist ain bitters lyden 1480"*. Zu sehen ist neben dem Wappen des württembergischen Grafen Eberhard im Bart, des Universitätsgründers, das Wappen seiner Gemahlin Barbara Gonzaga aus Mantua, sowie das Tübinger Stadtwappen, außerdem Eberhards persönliches Symbol, die Palme mit der Umschrift „Attempto" (ich wag es).

Die zum Klinikum umgebaute Burse, Gouache um 1820.

Das Äußere gibt den klassizistischen Umbau zur Klinik mit einem giebelgekrönten Zwerchhaus in der Mitte, Freitreppen und einem Krüppelwalmdach wieder.

Der vor der Bursa befindliche Platz wurde um 1810 angelegt, nachdem die dort einst stehenden, an die Stadtmauer angelehnten oder ihr aufsitzenden Häuser abgebrochen waren.

Einen guten Eindruck von der einstigen Mauer-Situation erhält man beim Weitergehen am unmittelbar vor dem Evangelischen Stift gelegenen Neckarbad. Wer die Treppe nach unten nicht scheut, kann die hier noch mit einem kurzen Laufgang bewehrte Stadtmauer durchschreiten und sich vom schmalen Gelände des ehemaligen Neckarbades aus – man denke an mittelalterliche Badesitten – die alte Stadtbefestigung mit ihren Erkern und Pechnasen anschaulich vor Augen führen.

Evangelisches Stift

Zurückgekehrt steht man vor dem Eingangstor des Evangelischen Stifts, für dessen Besichtigung man sich Zeit lassen sollte. Am besten quert man den Eingangshof, geht durch das Portal und den kleinen Gang hinein in den Innenhof, den einstigen Kreuzgang des Augustinerklosters. Gut sind in ihm noch die Ansätze eines (im 18. Jahrhundert wegmodernisierten) gotischen Gewölbes erkennbar. Nun kann man so richtig Stiftsluft atmen, kann gar rechter Hand (im Nordflügel) eine Treppe hoch und dann nach links zur Stiftskapelle finden.

„Dieses respektable Gebäude birgt wirklich so etwas wie eine Brunnenstube des Geistes, von der reiche Ströme herniederflossen

und die deutsche Kultur befruchtet haben." Es gleicht „*einem Trojanischen Pferd, dem viele berühmte und gelehrte Männer entsteigen*", schrieb der Dichter Nikodemus Frischlin.

Mauern und Graben trennen noch immer dieses Gebäude von der Stadt, die hier 1264 Augustiner-Eremiten eine Heimstatt bot. Auch wenn die Fassade ihr Aussehen nach mehreren Aufstockungen und vielen Umbauten erst gegen Ende des 18. Jahrhunderts erhalten hat, weist noch viel auf die klösterliche Vergangenheit hin. Wer vom Tor-Eingang her über den Brunnen hinweg den „Klosterberg" aufwärts schaut, kann noch gut den spätgotischen Chorabschluß der einstigen Klosterkirche erkennen, und wer den vom ehemaligen Kreuzgang umgebenen Innenhof des Stifts betritt, dem wird die geschlossene Anlage des Klosters deutlich, in dem 1497/98 Johannes von Staupitz wirkte, einer der geistigen Väter von Martin Luther. Das Kloster wurde – kaum war der 1464 begonnene (Neu-)Bau 1513 vollendet – mit Einführung der Reformation in Württemberg 1534 aufgehoben.

Evangelisches Stift aus der Luft. Trotz aller späteren Umbauten blieb die Grundstruktur des ehemaligen Augustinerklosters als abgeschlossener Vier-Flügel-Bau erhalten.

Im Zusammenhang mit einer Neuordnung des Kirchen- und Schulwesens wurde 1536 ein Stipendium, ein „Stift" zur Ausbildung evangelischer Geistlicher errichtet und 1547 im ehemaligen Augustinerkloster etabliert. Seine rechtliche und finanzielle Absicherung erfuhr es 1557 unter Herzog Christoph von Württemberg. Seitdem bildet es die Spitze eines größeren Ausbildungssystems, das bis heute – wenn auch vielfach modifiziert – existiert. Neben den schulgeldpflichtigen Lateinschulen (heute: Gymnasien) gab und gibt es in Württemberg für Begabte die Möglichkeit über ein „Landexamen", eine Aufnahmeprüfung, Zulassung zu den internatsähnlichen Klosterschulen (heute noch in Blaubeuren und Maulbronn) zu finden, in denen neben dem Unterricht auch Kost

Herzog Christoph von Württemberg (1515 – 1568), der das Evangelische Stift auf eine solide wirtschaftliche und rechtliche Basis stellte.

und Logis und alles, was zum (spartanischen) Leben notwendig ist, kostenlos geboten wird. Nach dem Schulabschluß findet der Absolvent Aufnahme im Evangelischen Stift, das weiterhin kostenlose Unterkunft und Verpflegung bietet. Voraussetzung ist allerdings das Studium der Evangelischen Theologie an der Universität.

Zugute kommen sollte dieses System – bis ins 19. Jahrhundert Württembergs klassischer Bildungsweg – den (männlichen) Kindern aller Bevölkerungsgruppen, doch diente es vor allem der bürgerlichen Oberschicht, insbesondere dem Pfarrerstand. Trotzdem war es für die soziale Mobilität und zum Abbau sozialer Spannungen von nicht unerheblicher Bedeutung, ermöglichte es doch begabten Bauern- und Handwerkerkindern den Aufstieg in einen akademischen Beruf. Zudem sicherte es vielen Söhnen armer Beamten- und Pfarrerswitwen die Ausbildung. Für sie wie für ganz Württemberg war dieses Stift eine Chance, aber auch eine Gefahr. Da fast die gesamte geistige Elite Württembergs – in jedem Dorf ein Pfarrhaus – an diesem Stift „fürs Leben zugerüstet“ wurde, hing viel fürs Klima im Herzogtum davon ab, ob diese Ausbildung liberal, konservativ, engstirnig oder weitherzig erfolgte. Die homogene Pfarrerschaft bestimmte weitgehend das geistige Leben Württembergs. Die profunde Ausbildung verschaffte Württemberg für Jahrzehnte aber auch eine herausragende Stellung innerhalb der lutherisch gewordenen Länder und Städte Der Tübinger Theologe Jakob Andreä einigte 1580 die zerstrittenen Lutheraner auf sein Konkordienbuch.

Das Leben im evangelischen Stift orientierte sich an der klösterlichen Tradition und war streng reglementiert. Disziplin wurde groß geschrieben. Der regelmäßige Kirchgang, der Besuch von Andachten, Übungen und Vorlesungen wurden streng überwacht. Eine Zensur des Lesens und Schreibens war fast selbstverständlich. Schwarze Einheitskleidung kennzeichnete die Stiftler bis ins 19. Jahrhundert auch äußerlich. Kein Wunder, daß es trotz eines ausgeklügelten Strafsystems „Rebellionen“ gab und in den Visitationsprotokollen immer wieder Klagen auftauchen, wie etwa: *„Die Stipendiaten belegen die (Universitäts-) Vorlesungen nur, um aus dem Stift herauszukommen"*, und um *„ihre besten Stunden mit Vagiren oder gar ins Wirthshäussern oder andern verdächtigen Orthen unter vielfältig verübenden gröblichen Excessibus zuzubringen."* Zurückhaltender, aber in der Sache nicht viel anders drückt dies eine Reisebeschreibung von 1789 aus: *„Die Stiftler gehen in schwarzen Kleidern, Mänteln und Priesterläppchen umher, wie wenn sie alle Augenblicke die Kanzel besteigen wollten. In diesem Habit findet man sie überall in den Wirtshäusern, beim Spiel und auf der Kegelbahn."*

Evangelisches Stift, Lithographie um 1850.

Vor allem ab der Mitte des 18. Jahrhunderts macht sich unter den Stiftlern immer mehr Unmut breit über die geistige Enge und die harte Disziplin. *„Das theol. Stift war mir von der ersten Stunde bis zu meinem Abschied unerträglich. Überal Unordnung, und Planloßigkeit. Tausend Demüthigungen für den guten Kopf . . . Bald war* *das einzige Institut Deutschlands ein Zuchthaus für verdorbene Bonvivants . . . bald ein Tollhaus für exaltirte Vikarien, bald eine Schenke für Säuffer, bald ein Hospital für Faulpelze*", schreibt Rudolf Magenau 1793, Freund Hölderlins. Nur wenige Jahre zuvor hatte Karl Friedrich Reinhard notiert: „*Man predigt beym Frühestück, beym Mittagessen, beym Soupee . . . Nichts was weltlich ist, was den Genuß des Lebens fühlbar, und feine runde Menschen machen könnte, darf sich dieser fürchterlichen Burg nähern. Hier sind die schönen Künste wie exotische Pflanzen . . . Noch schlimmer wär es, wenn man ein Blatt von Voltaire innerhalb der Mauern des Stifts entdeckte. Die Grundvesten des Stifts würden darüber erbeben.*"

Stiftler beim Verspotten vorbeifahrender Flößer: „Joggele sperr".

So gab es denn auch viele, die das Stift verließen, vorzeitig relegiert, weil nicht angepaßt, wie Hermann Kurz („*Lieber tot sein, als Vikar*") und Georg Herwegh („*Alle Räder stehen still, wenn dein starker Arm es will*") oder – nach Beendigung des Studiums – ohne die theologische Laufbahn fortzusetzen: also eher mit einem Ketzerhut denn einem Pfarrersbarett. Das berühmte „Dreigestirn" Hegel, Hölderlin und Schelling, zeitweilig in der gleichen Stube wohnend und studierend, suchte sein Glück außerhalb Württembergs und fern der Theologie; der oben zitierte Reinhard schloß sich der französischen Revolution an, war 1799 Außenminister Frankreichs, wurde 1832 Pair von Frankreich; Johannes Kepler wurde Astronom und Mathematiker am kaiserlichen Hof. Eduard Mörike versagte (sich) als Pfarrer und verschrieb sich der Schriftstellerei. Wilhelm Hauff trat das Pfarramt erst gar nicht an. „*Wer im Lande etwas werden will, muß im Stift gewesen sein. Wer außerhalb des Landes*

Hermann Kurz (1813 – 1873) 1831 Stiftler.

Georg Herwegh (1817 – 1875) 1835 Stiftler.

etwas werden will, muß aus dem Stift geflogen sein. Tertium non datur (Etwas drittes gibt es nicht)", meinte König Wilhelm II. von Württemberg.

Georg Wilhelm Friedrich Hegel (1770 – 1831) 1788 Stiftler.

Friedrich Wilhelm Joseph Schelling (1775 – 1854) 1790 Stiftler.

Doch auch wer Theologe wurde und blieb, ließ sich oft in kein Schema pressen. Da gab es die von ihrer Kirchenleitung argwöhnisch beäugten Pietisten wie Bengel, Oetinger, Hofacker, Blumhardt oder Pregizer. Da waren die „Aufklärer", allen voran David Friedrich Strauß, dessen Werk „Das Leben Jesu" (1835) einen „Meilenstein in der Theologiegeschichte" setzte, der dafür aber das Stift verlassen und aus dem württembergischen Kirchendienst ausscheiden mußte. Dazu zählen Friedrich Theodor Vischer, 1837 Professor für Ästhetik und Literaturgeschichte, 1848 Abgeordneter im Frankfurter Parlament, oder Ferdinand Christian Baur, der, seit 1826 Professor in Tübingen, zum Begründer der historisch-kritischen Schule wurde. Auch das 20. Jahrhundert weist eine Reihe solcher Tübinger Stiftler auf, die „alles andere als theologische Normalfiguren" waren, wie etwa den Dogmatiker Karl Heim. *„So ist der Tübinger Theologie von jeher etwas Vulkanisches eigen gewesen: Sie segnete die Landschaft mit fruchtbarer Lava, aber sie konnte auch verzehrendes Feuer speien und Asche hernieder regnen lassen"*, schreibt Helmut Thielicke.

David Friedrich Strauß (1808 – 1874) 1825 Stiftler und von 1832 – 1835 Repetent am Stift.

Friedrich Theodor Vischer (1807 – 1889) 1825 Stiftler, 1833 Repetent am Stift.

Ferdinand Christian Baur (1792 – 1860) 1809 Stiftler, 1816 Repetent am Stift.

Auch am Evangelischen Stift ist die 68er-Bewegung nicht spurlos vorübergegangen: Seit 1969/70 sind Frauen zugelassen, was die neue Stiftsordnung von 1974 legalisierte. Sie haben heute die Mehrheit unter den etwa 120 Bewohnern. 1983 erklärten Stiftler – auf einem großen Transparent über dem Eingang – ihr Stift zur „Atomwaffenfreien Zone"; nicht von ungefähr befanden sich beim Stift die Sprayer-Parolen „Auch Jesus wäre aus der Nato ausgetreten" oder zum Jubiläum 1986 „450 Jahre Stift – 24 500 Jahre Plutonium".

Sprühinschrift am Eingangsgebäude vor dem Stift 1989.

Sein äußeres Gesicht verdankt das Stift den mittelalterlichen Grundlagen durch die Augustinereremiten, vor allem aber verschiedenen großen Umbaumaßnahmen. Gegen Ende des 16. Jahrhunderts wurden dem oberen Flügel (einst Kirche der Augustiner), der über die tiefer gelegenen drei anderen Flügel hinwegschaut, zwei Stockwerke aufgesetzt. Erweiterungen des 17. Jahrhunderts betrafen vor allem den „neuen Bau", die Drei-Flügel-Anlage. Dessen Ostfassade mit dem heutigen Haupteingang erhielt ihr klassizistisches Aussehen in den Jahren 1792 bis 1800.

Die Baumaßnahmen des 19. und 20. Jahrhunderts kümmerten sich vor allem um die Modernisierung des Innern. Bis dahin lebten, studierten und schliefen die Stipendiaten unter Aufsicht je eines Repetenten in der Kommunität, in großen Gemeinschaften. In der Augustinerstube schliefen im Winter 1791 26 Stiftler. Zu sechst und zu acht teilten sie sich die Zimmer noch bis zum Ersten Weltkrieg.

Eine letzte gründliche Renovierung, in die auch das vor dem Stift gelegene ehemalige Ephorat mit einbezogen wurde, erfuhr das Stift 1989 bis 1992. Letzte Orte der Gemeinsamkeit sind nur noch der Speise- und der Lesesaal, jetzt hat jeder Bewohner ein eigenes Zimmer, sogar mit einem Waschbecken. Der Waschraum verschwand.

Speisesaal im Evangelischen Stift.

Beim Verlassen des Stifts kommt man wieder am Brunnen vorbei, auf dem sich 1785 unter anderen Ludwig Uhlands Großvater verewigt hat, einst Superattendent des Stifts, ein „gütiger Mann, fleißiger Gelehrter und streng gläubiger Theologe", der, mit dem Necknamen „Speckle", für seine umständlichen und weitschweifigen Vorlesungen bekannt war: beispielsweise beschäftigte er sich und seine Studenten ein Semester lang mit dem Thema „die Menschheit vor Adams Erschaffung".

Clinicumsgasse

Vom Evangelischen Stift führt eine lange, steile Treppe den Berg hoch, ihr folgend zweigt man auf etwa halber Höhe nach rechts in die Clinicumsgasse ein, die vorbei an den Häusern „in der Arch" und der Burse (Rückseite) unter der Alten Aula hindurch zur Neckargasse zurück führt. Die hohen Stützmauern am Hang aufwärts geben ihr „trotz des grünen Bewuchses etwas Schluchtartiges". Sie erschließt den mehrgeschossigen Häusern an der Bursagasse in ihrem obersten Stockwerk einen rückwärtigen neuen Eingang. So daß in der Clinicumsgasse die Häuser „in der Arch" wie kleine einstöckige Katen erscheinen. Deutlich wird dabei auch wie in der „Arch" selbst (Nr. 6) mit ihren neun Türen, daß Hausaufteilungen und Eigentumswohnungen keine Erfindungen unseres Jahrhunderts waren.

Nikodemus Frischlin (1547 – 1590) 1563 Stiftler, 1568 Professor in Tübingen.

Das Gebäude Nr. 18 war einst Wohnhaus des Nikodemus Frischlin (1547 – 1590), der sich schon in seiner Studienzeit im Evangelischen Stift einen Namen als (lateinisch schreibender) Dichter gemacht hatte, 1568 mit 21 Jahren zum Professor für „Poetices und historiarum" ernannt, 1576 vom Kaiser zum „poeta laureatus" gekrönt und in den Adelsstand erhoben wurde. Ebenerdig konnte er über einen Steg aus dem obersten Stock zur Alten Aula gelangen, in der er Vorlesungen hielt. (Blick nach oben).

Im Haus Nr. 22, eine ehemaligen Studentenkneipe (Schmidtsche Schenke) ließ am 18. Juni 1826 der Staatskommissar Hofacker in Ausführung der Karlsbader Beschlüsse 100 Studenten, die sich hier zur Feier des Waterloo-Festes versammelt hatten, festnehmen. Da Versammlungen und vaterländisches Gedenken verboten waren, erhielten sie schwere Freiheitsstrafen oder/und einen Verweis von der Universität.

Alte Grabplatte in der hohen Stützmauer der Stiftskirche zu Beginn der Clinicumsgasse. Ein Zeugnis für den einst um die Kirche liegenden Stadtfriedhof.

Holzmarkt

Die Neckargasse aufwärts kommt man zum Holzmarkt mit der Stiftskirche. Im 17. und 18. Jahrhundert war dieser Platz eine „Filiale" des Marktplatzes, auf dem die Häfner und Kupferschmiede ihre Ware anboten, weshalb er ursprünglich Hafenmarkt genannt wurde. 1812 ist erstmals vom „Holzmarkt" die Rede, 1819 heißt er „Holz- und Hafenmarkt" – Beleg für eine Veränderung des Händlerangebots. Um die Jahrhundertwende diente er dem Brennholzhandel.

Im Haus Nr. 5, in der 1823 gegründeten Buchhandlung Heckenhauer, von der nur mehr ein Antiquariat fortlebt, absolvierte von 1895 bis 1898 Hermann Hesse seine Lehre als Buchhändler und arbeitete bis 31. Juli 1899 als „Zweiter Sortimentsgehilfe". Hier hat er *„seine Identität gefunden und war zum Dichter geworden"*, auch wenn ihm zeitweilig das *„Fakturen kollationieren, Zeitschriften ex-*

pedieren und Ansichtssendungen zusammenstellen" hart ankam. *„Das Staubschlucken und Geldzählen macht einem zum elenden Kerl"*, meinte er im einem Brief an seine Mutter 1896. 60 Jahre später notiert er sich: *„Komische Sachen verlangt jeden Tag die Post von mir. Heut muß ich, zwecks Gedenktafel, dem Kulturamt von Tübingen die Hausnummer meiner Wohnung anno 95 angeben."* Seine Buchhändlerlehre absolvierte hier auch Josef Eberle alias Sebastian Blau (1917 bis 1920), Schriftsteller und Herausgeber der Stuttgarter Zeitung.

Hermann Hesse (1877 – 1965), der von 1895 bis 1899 in der Tübinger Buchhandlung Heckenhauer arbeitete, zunächst als Lehrling, dann als „Sortimentsgehilfe". Foto von 1899.

Durch einen schmalen langen Gang kommt man zum Antiquariat, dessen Besuch nicht nur wegen der Bücher lohnt. Einer seiner Geschäftsführer Kay Borowsky verkauft nicht nur Bücher, er schreibt auch welche (u.a. Krimis) und übersetzt (u.a. aus dem Russischen oder Französischen).

Seit 1976 hat der Holzmarkt wieder einen steinernen Georgsbrunnen und seine Treppen zur Stiftskirche, 1841 waren die Treppen zu Gunsten einer hohen Mauer entfernt worden. Seitdem ist der Holzmarkt zum Tummel- und Schauplatz, zum Treffpunkt für Obdachlose, Neugierige, Punks, Besucher, Touristen, Musikanten und fliegende Händler geworden.

Ein Teil der Mauer, dort wo die Stiftskirche wie ein Schiffsbug in die Neckargasse ragt, wurde beibehalten. An ihr erinnern Gedenktafeln an die Kriegsgefangenschaft Tübinger Soldaten (seit 1953), an die Vertreibung und Ermordung Tübinger Juden (seit 1983) sowie an die Verfolgung der Sinti und Roma in der NS-Zeit (seit 1995).

Stiftskirche

Beherrscht wird der Holzmarkt von der alle Gebäude überragenden Stiftskirche, die Isolde Kurz mit einem *„gewappneten Erzengel"* vergleicht, der sich *„auf einem steilen, hochgemauerten Vorsprung trotzig im Stadtinnern emporreckt"*.

Nicht nur wegen ihrer herausragenden Lage war und ist dieses Gebäude von Bedeutung für die Stadt. Immer nahm die Stiftskirche neben ihrer kultisch-religiösen Funktion auch profane, weltliche Aufgaben wahr, diente als Sakralbau und als Zentrum geistig-kulturellen oder politischen Lebens. Sie war und ist neben dem Schloß, dem Haus der Fürsten, das größte, alle anderen überragende Gebäude der Altstadt. In ihrem Chor fanden bis zur Reformation 1534 die Feiern und Feste, die Disputationen der Universität statt, hier wurden die akademischen Grade vergeben, wurde magistriert und promoviert. Später wurde er Grablege des württembergischen Fürstenhauses. Der Kirchturm war bis 1924 ständig besetzt mit einem städtischen „Hochwächter", dessen Augen Tag und Nacht auf der Stadt ruhen sollten, als Feuerwache und zur Zeitansage. Ihre Doppelfunktion hat die Kirche nie verloren. Der stadtbildbeherrschenden Lage entsprach und entspricht ihre Beanspruchung. Nicht nur während der Reformation, zur Zeit der Aufklärung oder unter den Nazis, als Pfarrer Karl Fezer sich anfänglich für die Deutschen Christen einsetzte und für eine Beflaggung mit der Hakenkreuzfahne sorgte, war sie Ort politischer Demonstration. Besetzungen von Turm oder Schiff, mit Transparenten innen und außen gehören zur jüngsten Ge-

Die Stiftskirche nimmt ihre Umgebung unter die Fittiche, wie eine Glucke ihre Küken.

Die Stiftskirche war und ist immer wieder Ort auch der politischen Auseinandersetzung.

schichte der Kirche. Von Heiligabend 1990 bis 16. Januar 1991 wohnten rund 200 Roma in der Kirche, kochten, aßen, schliefen dort, um auf ihre drohende Abschiebung aufmerksam zu machen. Eher leise, musikalisch eben, doch sehr nachdrücklich öffnet die jeden Samstag abend stattfindende Motette die Kirchentüren weit, nicht nur für Musikliebhaber, etwa wenn des Kantors „Kamele" dem Verdikt der württembergischen Kirchenleitung unterworfen werden sollen.

Blickt man, von der Neckargasse kommend, am Holzmarkt hoch zur Stiftskirche, dort hin, wo Chor und Langhaus zusammenstoßen, sieht man in einem runden Fenster einen auf ein Rad geflochtenen Menschen. Dieser „Geräderte" gilt nach einem 1844 erschienenen Roman von Max Eifert als Wahrzeichen der Stadt, den Tübingern von Kaiser Maximilian 1496 als Sühne auferlegt für einen Justizmord. In Wirklichkeit verdeutlicht es das Martyrium des hl. Georg, ältesten Patrons der Kirche. John Heartfield fand in ihm 1934 die Anregung zu einer Fotomontage: ein nackter Mensch aufs Hakenkreuz geflochten. Fast zeitgleich dazu schuf der Stuttgarter Bildhauer Fritz von Graevenitz die Evangelistensymbole, die seit 1933 den Kirchturm zieren; der nach Westen blickende Adler, Symbol des Johannes, zugleich auf Revanche sinnender Reichsadler, neue nationale Größe kündend, „Zukunftsvision nationaler Auferstehung", wie er sie in seinem Werkbuch festgehalten hat.

Aufs Rad geflochten: das Martyrium des hl. Georg als Rundfenster an der Stiftskirche, ein Wahrzeichen Tübingens.

Romanischer Reliefstein an der Südwestecke der Stiftskirche mit einer Inschrift, die besagt, daß der spätgotische Kirchenbau der dritte an dieser Stelle sei.

Mindestens zwei Vorgängerbauten hatte die heutige zwischen 1470 und etwa 1490 erbaute Kirche, wie archäologische Untersuchungen ergaben, wie romanische Spolien im gotischen Baukörper vermuten lassen und wie eine Steininschrift an ihrer Südwestecke kundtut.

Blickt man vom Georgsbrunnen auf dem Holzmarkt auf das Langhaus der Kirche so fallen drei skulptierte spätmittelalterliche Fenster auf, deren Themen – Drachenkampf des hl. Georg, Maria und Mantelteilung des hl. Martin – die Besitzgeschichte der Kirche bis zu ihrer Erbauungszeit versinnbildlichen. Die 1191 erstmals genannte Kirche war, wohl in feiner Anspielung auf ihre Bau- und Patronatsherren den Grafen von Tübingen, dem ritterlichen Lieblingsheiligen des Adels, dem hl. Georg geweiht. Nachdem die in der zweiten Hälfte des 13. Jahrhunderts immer mehr verarmenden Grafen 1294 aus wirtschaftlicher Not ihre Kirche an das Kloster Bebenhausen verkauft hatten, wurde Maria als Himmelspatronin der Zisterziensermönche dem hl. Georg beigesellt. Die Gründung der Universität 1477 und der damit verbundene Vermögens- und Chorherrentransfer aus dem Sindelfinger Martinsstift bescherte der Georgskirche mit dem hl. Martin ein drittes Patrozinium und ließ sie zur Stiftskirche aufsteigen.

Hl. Martin, seit der Universitätsgründung 1477 neben Maria und dem hl.Georg der dritte Patron der Stiftskirche.

Vom Holzmarkt aus kann man die Stufen hoch über das sogenannte Brautportal in die Stiftskirche gelangen, der Haupteingang freilich befindet sich an der Westfassade bei der Münzgasse. Durch ihn tritt man in eine mit vielen Grabmälern und Epitaphien geschmückte Vorhalle. So hängt gegenüber der Tür ein großes Denkmal für den 1598 verstorbenen 14jährigen Studenten Wilhelm Ernst, Graf und Herr zu Waldeck, den der protestantische Liederdichter und Lehrer des Verstorbenen Philipp Nicolai in dem Lied „Wie schön leuchtet der Morgenstern" verewigte: Die Anfangsbuchstaben der sieben Strophen des Liedes entsprechen den Initialen seines Namens.

Im Innern der breiten Hallenkirche, die ursprünglich flach gedeckt war und ihr Sterngewölbe erst 1866/67 unter dem Architekten Christian Leins erhielt, ist trotz des „Bildersturms" der Reformation manches aus der spätgotischen Erbauungszeit erhalten geblieben. So der Taufstein von 1497, der jüngst restaurierte spätgotische Flügelaltar des Dürerschülers Hans Schäufelein, der Lettner, das Chorgestühl und die steinerne Kanzel mit den Kirchenvätern, über deren Urheberschaft die Gelehrten streiten. War's Meister Pilgram aus Wien oder nicht? Hat er sich gar als Stützfigur am Kanzelaufgang, so wie in Wien als Fenstergucker, verewigt?

Meisterschild des Baumeisters Hans Augstaindreyers, Steinmetz aus Wiesensteig, mit Steinmetzzeichen 1478, in der Stiftskirche an der Nordschiffwestwand.

Wie auch immer, von ihr predigten katholische und evangelische Theologen, orthodoxe Protestanten, Pietisten und Aufklärer: Philipp Melanchthon, Jakob Andreä, Ernst Gottlieb Bengel, Ferdinand Christian Baur, Adolf Schlatter, Karl Heim. Vor ihr riefen zum 500jährigen Jubiläum der Universität 1977 Walter Scheel unter dem Eindruck terroristischer Aktivitäten zum Mut zur „kritischen Sympathie“ gegenüber der Demokratie und der Theologe Hans Küng zur Hoffnung auf den *„Göttlicheren Gott“* auf, *„vor dem der moderne, zu Recht kritisch gewordene Mensch – ohne seine Vernunft und Wissenschaft aufgeben zu müssen – wieder, wie Martin Heidegger sagt, beten und opfern, wieder aus Scheu ins Knie fallen und vor ihm musizieren und tanzen kann“.*

Trägerfigur unter der Kanzeltreppe. Der Bildhauer der Kanzel? Anton Pilgram der Baumeister von St. Stephan in Wien?

Durch den dreigegliederten, formenreichen Lettner gelangt man in den Chor, das Kleinod der Kirche, der ursprüngliche Festsaal der Universität. Nach der Reformation 1534 ließ Herzog Ulrich die „Professorenstühle“, das Chorgestühl, entfernen und bestimmte den Chor zur Grabstätte seiner Familie. Über ein Dutzend Fürsten und Fürstinnen sind hier versammelt: Der Universitätsgründer Eberhard und seine Eltern, die Reformatoren Ulrich und Christoph – Grä-

Gräfin Mechthild von der Pfalz (1419 – 1482), Mutter des Grafen Eberhard im Bart, Grabplatte im Chor der Stiftskirche.

ber, die verdeutlichen, daß für ein gutes Jahrhundert Tübingen und nicht Stuttgart das Zentrum Württembergs war. Das Abbrechen der Reihe unter Herzog Ludwig (gest. 1593) geht Hand in Hand mit dem Regierungsantritt von Herzog Friedrich, einem frühabsolutistischen Fürsten, der Erstarrung des Tübinger Protestantismus hin zur Orthodoxie, mit dem beginnenden Nepotismus an der Hochschule, dem Abstieg von Stadt und Universität in Provinzialität, an dessen Ende die Schließung der Universität drohte und die Schaffung einer Gegenuniversität, der Hohen Karlsschule in Stuttgart, stand.

Augustinerchorherren aus Sindelfingen, die ersten Tübinger Professoren, Glasscheibe im Chor der Stiftskirche aus der Straßburger Werkstattgemeinschaft des Peter Hemmel von Andlau um 1480.

Viel gerühmt sind die jüngst vom Landesdenkmalamt gereinigten Glasfenster im Chor, die zwischen 1476 und 1480 in der Straßburger Werkstatt des Peter Hemmel von Andlau entstanden sind. Selbst Goethe, der eher Tadel für Tübingen übrig hatte, fand sie höchst lobenswert: *„Die Hauptfarben sind alle da, und zwar in ihrer höchsten Energie und Sattheit. Ein Dunkelblau ist fürtrefflich . . . Purpur in allen Tönen, des hellen und dunklen, von der größten Herrlichkeit.“*

Leider sind die meisten Scheiben im Laufe der Jahrhunderte verloren gegangen, zerstört durch Kriegsereignisse, *„Steine werfende freche Bubenhände“*, Vögel und Restauratoren. So hat noch im letzten Jahrhundert der Reutlinger Restaurator Pfort zahlreiche gut erhaltene „alte“ Köpfe gegen neue ausgetauscht. Die Originale kamen später in Museen und können so heute etwa in Wiesbaden oder in Stuttgart bewundert werden. Fast gänzlich erhalten ist nur noch das mittlere ganz der Marienlegende gewidmete Chorabschlußfenster, gestiftet von Graf Eberhard im Bart und seiner Gemahlin Barbara von Gonzaga, die beide in der unteren Fensterzeile knien. Die anderen Scheiben in den Fenstern rechts und links sind Kompendien, zusammengesetzt aus den Resten aller Chorfenster. Darunter befindet sich (nördliches Fenster, fünfte Zeile von unten) eine Darstellung von fünf ehemaligen Sindelfinger Chorherren vor ihrem Patron dem hl. Martin, die ersten Professoren der Universität mit dem Rektor Johannes Vergenhans gen. Naukler und dem Kanzler Johannes Tegen: eines der ältesten Gruppenbilder von Professoren nördlich der Alpen.

Eine Kleinigkeit, aber eine bemerkenswerte, bilden im Chor die Schlußsteine der Gewölbe. Sie vereinen die himmlischen und weltlichen Patrone der Kirche – Georg, Maria, Graf Eberhard und Gräfin Barbara – und verdeutlichen damit auch das Selbstverständnis und Selbstbewußtsein des württembergischen Regenten, der diesen Chor eben auch zu seinen Ehren erbauen ließ.

Gewölbeschlußsteine im Chor mit den himmlischen und irdischen Patronen der Kirche: Maria, hl. Georg, das Wappen des Grafen Eberhard im Bart von Württemberg und das seiner Gemahlin Barbara Gonzaga aus Mantua.

Vom Chor aus, der wegen seiner Grablege der Fürsorgepflicht des Landes Baden-Württemberg untersteht, kann man über und durch das Langhaus, Eigentum der Stiftskirchengemeinde, zum „städtischen" Turm hochsteigen, von dem man eine gute Aussicht auf die Altstadt und die Umgebung hat.

Chor und Turm sind zur Besichtigung geöffnet von Ostern bis Erntedank freitags nachmittags, samstags, sonn- und feiertags und an allen baden-württembergischen Schulferientagen von 10.30 bis 17.00 Uhr, bei schönem Wetter oft auch außerhalb dieser Zeiten.

Münzgasse

Verläßt man die Stiftskirche durch den Haupteingang, kommt man in die Münzgasse, von der das Geographische statistische topographische Lexikon von Schwaben zum Jahr 1800 vermeldet, daß sie *„die schönste Straße der Stadt ist“*, zudem *„den Rücken des Hügels ausmacht, auf dem die Stadt liegt“*. Ob das heute noch so ist, darüber kann man streiten. Doch unzweifelhaft war sie einst Tübingens Prachtstraße mit den höchsten, breitesten, schönsten Häusern. Hier durfte auf Grund der Miststättenverordnung von 1684 kein Mist gelagert werden, hier hatte die Universität bis zur Mitte des 19. Jahrhunderts ihr Zentrum mit der Aula, der Stiftskirche, den Collegiengebäuden, dem Amtssitz des Universitätskanzlers, dem Martinianum, hier hatte der Adel seine herrschaftlichen Stadthäuser, hier wohnten jene Professorenfamilien, die generationenlang die Mehrheit im großen Senat innehatten: die Gmelin, Hoffmann, Osiander, Harpprecht. An ihr befand sich das Verlagshaus Cotta.

Alte Aula

Blickt man von der Stiftskirche aus die Münzgasse entlang, sieht man links die Alte Aula, „das Universitätshaus“, 1547 an Stelle der 1534 abgebrannten Sapienz, neu errichtet, 1777 zum 300-jährigen Jubiläum der Universität als Festgeschenk des Herzogs Karl Eugen von dessem natürlichem Sohn, dem Architekten Reinhard Fischer in klassizistischem Geschmack umgebaut. Das ehemals spitzgieblige Fachwerkhaus, in dessen Dachboden die Getreidevorräte – Teil der Professorenbesoldung – gelagert wurden, erhielt ein breites Walmdach und eine sym-

Alte Aula mit spitzem Giebel vor ihrem Umbau 1777.

metrisch gegliederte Fassade. Im eher barocken Gitter des Balkons über dem Eingang kann man zwei gekreuzte, goldene Szepter, Symbol der Universität, erkennen, darüber im Giebelfeld das württembergische Wappen.

Das fünfstöckige Gebäude ist der Hangsituation so angepaßt, daß sich der Eingang im dritten Stock, eben an der Münzgasse befindet, während die Fundamente bis zur darunter liegenden Clinicumsgasse reichen. In den Untergeschossen waren das Archiv, Hörsäle und die Bibliothek untergebracht, über die der Staatsrechtler Robert von Mohl (1799 – 1875) als Student notierte: *„Der Bestand war erbärmlich, kaum etwas anderes als Theologie (. . .) und eine endlose Sammlung von juristischen Dissertationen.“* Als besondere Erneuerung galt 1822, daß die Bücher den Studenten *„auf 14 Tage mit nach Hause gegeben“* werden können, *„wenn ein Professor für sie gut sagt. Wenn ein Student ein Buch wil, schreibt er eine Quittung, daß er das Buch empfangen habe, und ein Professor unterschreibt sie. Auf diese Art ist die Bibliothek vor dem Verlust der Bücher sicher.“* Die in den Untergeschossen liegenden Hörsäle waren *„unglaublich elend, dunkel, kalt“. „Jeder brachte sein Lichtstümpfchen in der Tasche mit und klebte es auf den Tisch.“*

Gekreuzte Szepter im Balkongitter der Alten Aula, Wappen und Hoheitszeichen der Universität.

Hell und mit schöner Aussicht waren (und sind) die Obergeschosse: ein „Saal zu Feierlichkeiten“ und Räume, die den Kommissions- und Fakultätssitzungen vorbehalten waren. In ihnen regierte der Senat der Universität, gewährte Vergünstigungen, verlieh akademische Grade, verhängte Strafen, saß zu Gericht über die „Universitätsverwandten“, wobei er auch vor einem Todesurteil nicht zurückschreckte.

Heute sind in der Alten Aula das Orientalische Seminar und das Seminar für Indologie und Vergleichende Religionswissenschaft sowie die Bibliothek des Erziehungswissenschaftlichen Instituts untergebracht.

Martinianum

Grabstein des Theologie-Professors und Stiftskirchenpfarrers Martin Plansch (1460 – 1533) mit Priesterwappen, dessen Studienstiftung dem „Martinianum" den Namen gab, im Haus der Stiftung Münzgasse 13.

Gegenüber liegt das nach einer 1514 geschehenen Stiftung des Theologen Martin Plantsch benannte Martinianum. Das in den 60er Jahren des 17. Jahrhunderts nach Plänen des Baumeisters Michael Beer errichtete Gebäude diente zur Unterbringung bedürftiger Studenten. 16 *„gesittete und fleißige"* Studenten, denen *„Trinkgelage und lärmende Gesänge"* verboten waren, hatten bis zum Verlust des Stiftungsvermögens 1923 im „Neuen Bau", wie das Martinianum auch genannt wurde, freie Kost und Logis. Im Zeichen der „neuen Zeit" vermietete das nationalsozialistisch gleichgeschaltete Studentenwerk 1936 das Gebäude an die Polizei, die damit eine „Burg" mitten in der Altstadt hatte. Als diese 1976 auszog, konnten Bürger- und Studentenprotest erreichen, daß es seither wieder als Studentenwohnheim genutzt wird.

Eine Tafel an der Außenwand erinnert an den Stipendiaten Justinus Kerner, der von 1804 bis 1808 in Tübingen Medizin studierte – ein Freund Ludwig Uhlands. In seinem Zimmer trafen sich die Tübinger Romantiker, die „Ritter des Geistes" in der „Schwäbischen Dichterschule", um *„gegen die letzten Verfechter des alten Zopfregiments in der vaterländischen Literatur gewaltige, deutsche Hiebe"* zu führen. So beantworteten sie die Gründung der Cotta'schen Tageszeitung „Morgenblatt für gebildete Stände" mit einem handgeschriebenen „Gegenblatt". *„Es würde sich nun durchaus nicht schicken, wenn wir Frösche uns unter die Lerchen und Nachtigallen mischten und den Morgen mit ihnen begrüßten"*, schrieb Kerner an Johann Friedrich Cotta, dessen Verlag im Gebäude rechts daneben (Nr. 15) untergebracht war.

Justinus Kerner (1786 – 1832), von 1804 bis 1809 Stipendiat im Martinianum.

Cottahaus

Über 150 Jahre lang, seit 1659 der sächsische Buchhändler Johann Georg Cotta nach Tübingen eingeheiratet hatte, bis zum Umzug 1810 nach Stuttgart, sandte diese Buchhändlerdynastie aus der Tübinger Münzgasse *„die Bücher der ersten Wissenschaftler und Literaten in die Welt“*. Johann Friedrich Cotta betreute und verlegte die Werke von Schiller, Goethe, Wieland, Herder, Hölderlin, Tieck, Kleist, Jean Paul, den Humboldts, den Schlegels und schließlich auch von den ihn anfangs *„anquakenden“* Tübinger Romantikern, allen voran Uhland, Kerner, Schwab. Dieser große, gegenüber seinen Autoren auch außerordentlich großzügige Verleger, wohl der größte seiner Zeit, der „die Hand über die ganze Welt hatte“, wie Heinrich Heine bemerkte, lebte und arbeitete in einem schwäbisch bescheidenen, schlichten Rahmen, den Varnhagen von Ense zum Jahr 1808 in seinen „Denkwürdigkeiten“ beschrieb: *„Ich glaubte meinen Augen nicht, als ich nach der Cotta'schen Buchhandlung fragte, und man mich in ein Lädchen verwies, wo ich mich fast schämte einzutreten; so winzig, eng und schmucklos hab' ich neue Bücher noch nie wohnen sehen . . . Und noch dazu ist dies der Ort, wo die Schiller und Goethe recht eigentlich zu Hause sind.“* Der Diener geleitete ihn *„in ein enges Stübchen, wo es aber doch etwas elegant aussah, sogar ein Sopha breitete sich hinter einem Tische, das einzige bis jetzt, das ich in Tübingen zu sehen bekommen, denn Studenten und Professoren habe so schwelgerische Gewohnheiten nicht.“*

Johann Friedrich Cotta (1764 – 1832), berühmter Tübinger Verleger.

Eine Tafel am Cotta-Haus erinnert an Goethes Besuch im September 1797, was eine Tafel daneben am Martinianum seit neuestem drastisch kommentiert. Das vor wenigen Jahren renovierte Haus beherbergt heute wieder eine Buchhandlung, den alternativen Buchladen „Die Gruppe“.

Geht man die Münzgasse entlang, kommt links (Nr. 22) das alte Kollegiengebäude der Universität, das 1484 auf dem Gelände des Pfleghofes von Bebenhausen errichtet wurde, vormals Fronhof der Grafen von Tübingen. Jüngst wurde eine Fachwerkschaufassade aus der Erbauungszeit wieder freigelegt.

Universitätskarzer

In der Münzgasse 20, heute Grundschule, war einst der Universitätskarzer untergebracht. Nach einem Brand 1489 war das Gebäude von der Universität als Neues Collegium, Hörsaal für die Juristenfakultät gebaut worden; 1653 zog die Philosophische Fakultät ein, *„die juridischen Professoren lesen in ihren Häusern“*; 1847 kaufte es die Stadt, baute ein weiteres Stockwerk auf und etablierte im Gebäude eine „Mädchenvolksschule“.

Universitätskarzer mit den Ausmalungen von 1736, darunter „Eine römische Geschicht“, die die Ernährung des im Gefängnis schmachtenden römischen Bürgers Cimon durch seine Tochter darstellt.

Aus der Universitätszeit stammt noch das Wappen mit den gekreuzten Zeptern über dem Fenstersturz und vor allem der im Kellerfundament befindliche älteste deutsche Karzer, der nachweislich von 1515 bis zum Bau der Neuen Aula 1845 als Gefängnis benutzt wurde.

Mit Karzerarrest bestraft wurde nach dem Statutenbuch von 1518 *„Wer in Scharen nachts spazieren geht, auf Kübeln trommelt und nach dem Abendläuten des Narrenglöckleins ohne Licht ausgeht; wer Brutalhosen und Bloßgesäß trägt, die mit gesuchter Neuerung geschlitzt und überdies den Henkern nachgeahmt sind; wer heimliche Eheverlöbnisse eingeht, die Predigten schwänzt und dem Würfelspiel huldigt.“* Doch auch andere Vergehen konnten mit stunden-, tage- oder wochenlanger Karzerstrafe belegt werden: So mußten 1587 zwei Studenten in den Karzer, *„weil sie ein Tractätlein vom Faust gemacht“*. 1591 wurden vier Studenten „incarceriert“, weil sie in der unteren Stadt eine Schlägerei verursacht hatten. *„Diese Studenten sollen dreißig Maß Wein getrunken haben, zwölfe geben sie zu.“* Im August 1592 brachte hier gar die 18jährige Felizitas Heppler ihre letzten Lebenstage zu, bevor sie als Kindsmörderin auf Senatsbeschluß öffentlich enthauptet wurde.

Natürlich haben die studentischen Delinquenten den Karzer mit allerlei frivolen und frechen Sprüchen und Bildern bemalt, deshalb entschloß sich die Universität 1736, ihn *„zur Besserung der Studenten“* von Gottfried Schreiber mit Sprüchen und Bildern aus der biblischen Geschichte und der antiken Überlieferung ausmalen zu lassen. In diesem Zustand können die beiden kleinen, finsteren, tonnengewölbte Räume, zu denen man über einen zwischen den Häusern liegenden schmalen Gang hinabsteigen muß, besichtigt werden. (Führungen Samstag und Sonntag 14.00 Uhr).

Münzgasse

Das Haus Münzgasse 18, nach einem Brand 1490 erbaut (Jahreszahl und Erbauername „Truchses“ von Höfingen neben dem rechten Erdgeschoßfenster), dient heute noch immer jenem Stiftungszweck, wie ihn Elisabeth Christiane Kölle, Obertribunalratswitwe (gest. 1830) festgelegt hat, nämlich als *„Wohnung für arme Witwen und Jungfrauen vom Stande“*, deren fünf freie Wohnung und einen Zinsgenuß aus 12 400 Mark haben sollen, *„soweit diese nicht zum Unterhalt des Hauses gebraucht werden“*. Dem die Stiftung verwaltenden Landratsamt einst ein Segen, heute eher eine Baulast.

„Truchses 1490“ (die Vier als halbe Acht) ist am Haus Münzgasse B 18 zu lesen. Nachweis dafür, daß Ludwig Truchseß von Höfingen, Professor für Kirchenrecht 1490 dieses Haus (auf einer Brandruine) errichtet hat. Die Jahreszahl 1732 erinnert an einen späteren Umbau. Die alte Hausnummer B 18 verdeutlicht, daß das Haus bzw. die Straße im 19. Jahrhundert dem zweiten der vier Wahlbezirke Tübingens zugeordnet war.

Über einen herrlichen Innenhof verfügen die Häuser Münzgasse 16 und 14 (leider meist verschlossen), die um 1500 errichtet worden sind. Die außen am Portal angebrachten Wappen (von Fürst und von Neuneck 1548) machen deutlich, daß es sich um einen ehemaligen Adelssitz handelt.

Als typisch für die Häuser an der Münzgasse kann die Besitzgeschichte des Hauses Nr. 12 gelten. Nach Gründung der Universität kam das Haus in Professorenhände und verblieb dort: 1522 gehörte es Professor Amandus Mögling, danach dem Juristen Nicolaus Varnbühler, der 50 Jahre lang sein Lehramt in Tübingen ausübte, danach den Familien Pregitzer, Hochstetter, Harpprecht, Cammerer, Hoffmann und Gmelin.

Wappen an den Häusern der Münzgasse belegen, daß die einstige Tübinger Prachtstraße auch ein bevorzugtes Wohngebiet des umliegenden Landadels war. Hier das Wappen des Konrad von Fürst (links) und seiner Frau Anna von Neuneck 1548.

Die Münzgasse 10 seit dem 15. Jahrhundert in Adelshand, kam 1782 an Professor Hoffmann, von diesem an die Familie Gmelin. Luise Gmelin (verst. 1907) vermachte in ihrem Testament dieses Haus (3 Stockwerke, 8 Zimmer und Nebengelasse) *„zur Ehre Gottes, zum Heil meiner Seele und zum Wohl meiner Nebenmenschen“* den Vincentinerinnen vom Kloster Untermarchtal, die hier ursprünglich fünf Schwestern, heute noch eine, *„zur Pflege der Kranken“* eingesetzt haben.

Das Haus Münzgasse 8 war das einzige Haus in der Straße, das nicht in das Eigentum von Akademikern gelangte. Es gehörte 1540 einem Schneider, war 1654 an einen Schuhmacher vermietet, 1763 besaß es ein „Antiquarius“, 1804 ein Buchbinder, 1824 kam es an einen Bäcker.

Heinrich Fabri, Abt des Klosters Blaubeuren (1475 – 1495), Beauftragter des Papstes bei der Universitätsgründung 1476/77. Bildnis vom Hochaltar des Klosters 1493/94.

Das Ende der Münzgasse wird auf der rechten Seite beherrscht vom ehemaligen Pfleghof des Klosters Blaubeuren (Nr. 7), Absteigequartier des Abtes Heinrich Fabri, Beauftragter des Papstes bei der Universitätsgründung 1476/77. Aus jener Zeit stammt das vom Holzfachwerk geprägte Äußere. Das Gebäude wurde danach Adelssitz, wovon noch das außen angebrachte

Wappen der Familie Leutrum von Ertingen mit Jahreszahl 1740 zeugt. Um 1840 wurde es Gasthaus „Zum René“, heute dient es als Studentenwohnheim.

Links, in der Nr. 6 befand sich einst die „Münze“ der Grafen von Tübingen, Prägestätte des „Tübinger Pfennigs“, die der Straße ihren Namen gab. 1315 wird ein Ulrich Schwertfeger als Münzmeister genannt, bald danach wurde der Münzbetrieb aufgegeben. Von dem württembergischen Grafen Eberhard im Bart 1472 wieder aufgenommen, mußte die Münzstätte auf Einspruch der benachbarten Universität und ihrer Angehörigen wegen des Lärms an den Stadtrand (Neckarhalde Nr. 30) verlegt werden.

Tübinger Pfennig des 12. Jahrhunderts aus der pfalzgräflichen Prägeanstalt, der „Münze“, die der Straße den Namen gab.

Die Münzgasse mündet oberhalb des Evangelischen Stifts in einen kleinen Platz, dem sogenannten „Faulen Eck“, das seinen Namen angeblich, den hier stets anzutreffenden, faul herumstehenden Theologiestudenten verdankt, in Wirklichkeit aber nach dem Inhaber einer abgerissenen Gaststätte benannt ist.

Von hier aus sieht man durch das Wiener Gäßle zum Rathaus mit einer Bacchantin als Eckfigur. Mit wenigen Schritten erreicht man, dem Blick folgend, den Marktplatz. Wer noch über etwas Zeit verfügt und Lust dazu hat, dem sei zunächst ein Abstecher die Neckarhalde abwärts und danach ein kleiner Umweg über die recht ansehnlichen Kronenstraße und Kirchgasse empfohlen.

Neckarhalde

Die 1335 erstmals erwähnte Neckarhalde, deren hohen Häuser in Richtung Neckar auf der Stadtmauer aufsitzen, gehörte bis ins 19. Jahrhundert neben der Münzgasse zu der bevorzugtesten Wohngegend Tübinger Professoren. Die städtischen Kaufbücher protokollieren – wohl bedingt durch die Nähe zum Evangelisches Stift – in hoher Zahl Theologieprofessoren als Hauseigentümer, u.a. Dietrich Schnepf (Nr. 5), erster Ephorus des Evangelisches Stifts, Johann Adam Osiander (Nr. 8), Kanzler der Universität, Stefan Gerlach (Nr. 12), der als Abgesandter der Tübinger Theologie Verbindung mit der griechisch-orthodoxen Kirche aufnahm und fünf Jahre in Konstantinopel lebte, Jakob Andreä (Nr. 19), der „Vater der Konkordienformel“, Ferdinand Christian Baur, der *„erste, der die Bibel wie einen weltlichen Text der historischen Kritik unterwarf“*. Allerdings werden auch immer wieder Goldschmiede oder Goldarbeiter genannt, was wohl darauf zurückzuführen ist, daß im Haus Nr. 30 zeitweilig eine Prägestätte für württembergische Münzen untergebracht war.

Vom „Faulen Eck“ aus geht's die Neckarhalde entlang mit einem Blick in den Garten des Evangelischen Stifts (links), vorbei am Haus Nr. 8 (rechts) der ehemaligen Feuchtei, einer im 19. Jahrhundert viel besuchten und besungenen Bäckerei und Gaststätte (*„Den ganzen Morgen sieht man laufen/Studenten, die hier Pfitzauf kaufen.“*), vorbei auch am Haus Nr. 12, dem Geburtshaus des Evangelischen Liederdichters Albert Knapp. Schon nach wenigen Schritten steht man vor dem Haus Nr. 24, in dem 1787 Ludwig Uhland geboren wurde.

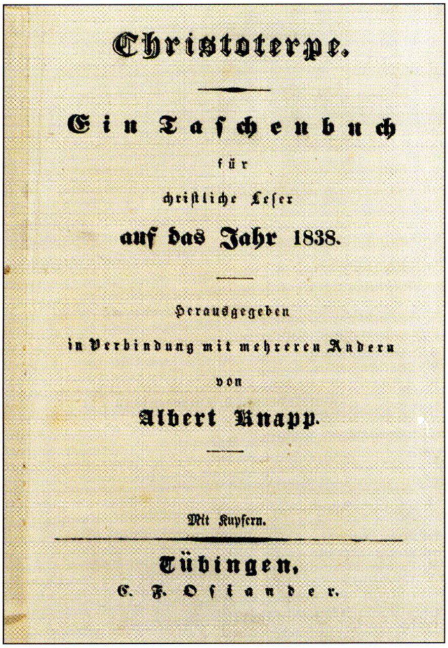
Christoterpe.

Ein Taschenbuch

für

christliche Leser

auf das Jahr 1838.

Herausgegeben

in Verbindung mit mehreren Andern

von

Albert Knapp.

Mit Kupfern.

Tübingen,

C. F. Osiander.

Der in Tübingen, Neckarhalde 12, geborene Albert Knapp (1798 – 1864) prägte mit seinen Schriften die evangelische Kirche Württembergs im 19. Jahrhundert, machte sich insbesondere einen Namen als Sammler, Dichter und Reformer von Kirchenliedern.

Im 19. Jahrhundert galt er als der „größte Sohn“ dieser Stadt, dessen Ruhm in ganz Deutschland verbreitet war und der oft in einem Atemzug mit Goethe und Schiller genannt wurde. Angeblich gibt es keinen Ort in Deutschland ohne Uhlandstraße. Auch wenn seine Popularität immer mehr verblaßt, seine Gedichte und Balladen kaum noch gelesen werden, der Dichter ist es wert, sich seiner zu erinnern. Viele seiner volkstümlichen Gedichte wurden vertont und zählen zum festen Repertoire aller Gesangvereine und Wunschmelodiesendungen: „Das ist der Tag des Herrn!“, „Droben stehet die

Kapelle“, „Noch ahnt man kaum der Sonne Licht“, „Ich hatt einen Kameraden“, „Bei einem Wirte, wundermild“. Und seine Balladen sind noch immer durchaus lesenswert.

Ludwig Uhland (1787 – 1862), wie er auf seinem 1867 errichteten Denkmal in der Uhlandstraße bewundert werden kann.

Man sollte aber auch den Politiker nicht vergessen, der sich sein Leben lang mutig und kompromißlos für demokratische Rechte einsetzte, so wie er 1815 im Verfassungsstreit dichtete: *„Wo je bei altem, gutem Wein/Der Württemberger zecht,/Da soll der erste Trinkspruch sein./Das alte, gute Recht!/Das Recht, das uns Gesetze gibt,/Die keine Willkür bricht;/Das offene Gerichte liebt/Und giltig Urteil spricht . . .“* Als Abgeordneter der verfassungsgebenden Versammlung 1819 und als Mitglied des Landtags von 1820 bis 1826 sowie von 1832 bis 1838 kämpfte er um die Rechte des Parlaments. Und als der württembergische König den Oppositionellen, der 1829 zum Professor für deutsche Sprache und Literatur in Tübingen berufen worden war, damit erpressen wollte, daß er ihm für die Ausübung des Abgeordnetenmandats den Urlaub von den Professorenpflichten verweigerte, bat er um Entlassung aus dem Lehramt.

Eine gewichtige Rolle spielte er in der Revolution von 1848/49. In der „Adresse der Tübinger Bürgerschaft“ an den Ständischen Ausschuß in Stuttgart formulierte er: *„Der Sturm, der in die Zeit gefahren ist, hat die politischen Zustände Deutschlands in ihrer ganzen unseligen Gestalt, allen erkennbar, bloßgelegt . . . es fehlt . . . die freie Selbständigkeit des Volkes, die Mitwirkung seiner Einsichten und Gesinnungen bei der Bestimmung seines staatlichen Lebens.“* Als Abgeordneter des Wahlkreises Tübingen-Rottenburg sprach er sich in der Frankfurter Nationalversammlung gegen das Erbkaisertums aus: *„Ich erkläre mich für die periodische Wahl des Reichsoberhaupts durch die Volksvertretung . . . retten Sie das Wahlrecht, dieses kostbare Volksrecht, dieses letzte fortwirkende Wahrzeichen des volksmäßigen Ursprungs der neuen Gewalt! Glauben Sie, meine Herren, es wird kein Haupt über Deutschland leuchten, das nicht mit einem vollen Tropfen demokratischen Öls*

Letzter sichtbarer Rest des mittelalterlichen Hirschauer Stadttores, das um 1830 abgebrochen wurde.

gesalbt ist!" Bei der gewaltsamen Auflösung des Rumpfparlaments in Stuttgart entging er nur knapp dem Säbelhieb eines Soldaten. Als er 1862 starb, schrieb eine französische Zeitung. „*Wir haben das Gewissen Deutschlands verloren*", Vertreter der württembergischen Regierung nahmen an seinem Begräbnis nicht teil.

Noch ein Stück die Straße abwärts, nun recht steil, kommt man zum ehemaligen Hirschauer Tor, von dem allerdings nur noch ein kleiner runder Turm links der Straße im Garten des Evangelischen Dekanats (Nr. 27) steht. Einige Schritte weiter erhält man einen guten Blick auf die alte mit dem Schloß verbundene Stadtbefestigung. Nun kehrt man um, geht die Neckarhalde wieder aufwärts, vorbei am Haus Nr. 19, dessen Vorgängerbau 1634 Wilhelm Schickard, Tübinger Mathematikprofessor und Astronom, Erfinder der ersten mechanischen Rechenmaschine der Welt, gekauft hat. Lange hatte er sich damals allerdings seines neuen Besitzes nicht erfreuen können. Schon wenige Wochen nach dem Kauf brach in Tübingen die Pest aus. An ihr erliegen Schickards Frau und seine drei Töchter. Schickard, der zunächst überlebt, flieht mit seinem Sohn, als die Pest ein Jahr später erneut aufflammt, nach Dußlingen. Die Sorge um eine Plünderung seines Hauses, insbesondere seiner Bibliothek, treiben ihn zurück. Von der Krankheit erfaßt, stirbt er am 23. Oktober 1635, einen Tag vor seinem Sohn.

Hirschauer Tor, wie es nach einem Gemälde um 1640 ausgesehen haben soll.

Wilhelm Schickard (1592 – 1635), Professor für Hebräisch und Astronomie, Freund von Johannes Kepler.

Rekonstruktion der von Wilhelm Schickard 1623 erfundenen ersten mechanischen Rechenmaschine der Welt.

Kronenstraße

Zurück zum „Faulen Eck" geht man dann die Kronenstraße weiter. Im Haus Nr. 6 betrieb die jüdische Familie Hirsch von 1859 bis 1938 ein Herrenkonfektionshaus. 1850 bat Leopold Hirsch aus dem benachbarten Wankheim um Aufnahme seiner Person ins Tübinger Bürgerrecht. Doch der Tübinger Magistrat hatte alle nur denkbaren Vorbehalte und wies diesen Antrag mit vielen Argumenten zurück, obwohl Hirsch – wie man zugab – *„ein sehr gutes Prädikat habe"* und *„sein Nahrungsstand als vollkommen geführt angenommen werden könne"*. Aber – was man nicht zugab – es war immerhin der erste Jude seit der Judenvertreibung 1477 und da mußte man schon sehr vorsichtig sein, vor allem befürchtete die Geschäftswelt Konkurrenz. Doch Hirsch berief sich aufs Gesetz und legte Beschwerde ein, und abermals lehnten der Gemeinderat und der Bürgerausschuß sein Gesuch ab. Schließlich mußte das Königliche Oberamt als vorgesetzte Behörde schriftlich festhalten, es habe *„sämtliche Benachtheiligungen des Israeliten aufgehoben, die den Bürgerrechts-Gesuche des Rekurrenten im Wege gestanden wären und es bedarf hierüber nicht erst noch besonderer Vorschriften"*. Doch damit nicht genug: Erst als die Königliche Kreisregierung einen Erlaß zur Aufnahme verfertigt hatte, beugte sich der Tübinger Gemeinderat.

Erstaunlicherweise wurde die Familie dann aber sehr schnell ins bürgerlich-städtische Leben integriert. Leopold Hirsch wurde Mitglied beim Gesangverein Harmonie und in der renommierten Museumsgesellschaft. Der Sohn Gustav Hirsch, der von 1900 bis 1925

Synagogenvorsteher war, wurde gar Schriftführer und Kassier des Bürgervereins. Der Enkel Leopold Hirsch, Nachfolger seines Vaters als Synagogenvorsteher, war Mitglied der Stadtgarde zu Pferd und *„erfreute sich außergewöhnlicher Beliebtheit“*. Doch auch sein Geschäft wurde ab 1933 boykottiert, was ihn schließlich im September 1938 zum Verkauf veranlaßte. Im November 1938 nach der „Reichspogromnacht“ wurde der 63jährige verhaftet und nach Dachau transportiert. Ende 1938 entlassen, gelang 1939 dem Ausgegrenzten seine Emigration nach Johannesburg zu seinem Sohn, der Tübingen schon 1935 verlassen hatte.

Grabstein des Gustav Hirsch (1848 – 1933) auf dem Wankheimer Friedhof, Synagogenvorsteher 1900 – 1925, Schriftführer und Kassier des Tübinger Bürgervereins, dessen Vater Leopold Hirsch nach hartnäckigem Kampf 1850 als erster Jude das Tübinger Bürgerrecht erwerben und in der Kronenstr. 6 ein Herrenkleidergeschäft errichten konnte. Von seinen Kindern mußte ein Sohn 1939 nach Südafrika emigrieren, ein Sohn und eine Tochter sowie ein Enkelsohn wurden von den Nazis in Konzentrationslagern ermordet.

Im Haus daneben, Gaststätte „Forelle“, betrieb in den Räumen des heutigen Lokals Wilhelm Heinrich Schramm (1758 – 1823), der letzte einer berühmten Drucker-Dynastie, sein Geschäft, das sein Enkel Hermann Kurz in seinen „Denk- und Glaubenswürdigkeiten“ beschreibt: *„Im oberen Stockwerk des mütterlichen Elternhauses in der buckligen Universitätsstadt lag ein geheimnisvolles Heiligtum, aus welchem ein wundersames Schüttern und Beben das ganze Haus durchdrang . . . Man stieg eine steinerne Wendeltreppe empor, kam an verschlossenen, düsteren Magazinkammern vorüber, und dann befand man sich in den heiligen Hallen, aus welchen die akademischen Lehrbücher, Festreden, Preisschriften und Doktorthesen hervorgingen. Stundenlang konnte ich den Preßbengels, dem Zusammenpochen der Ballen, dem wunderschnellen Letternflug über dem Setzkasten zusehen, und der eigentümliche Geruch der frischgedruckten Bo-*

gen hatte für mich einen Reiz, der mir bis zu diesem Augenblick geblieben ist."

Am Ende der Kronenstraße stößt man auf die Kirchgasse, dort sind besonders beachtenswert die im Kern mittelalterlichen, von schönem Fachwerk aus dem 16. Jahrhundert geprägten Häuser Nr. 2 und 4. Am Haus 2 befindet sich das Abbild eines Tübinger Kaufmanns aus der Zeit um 1480 als eine den Erker tragende Konsolfigur. Das Haus Nr. 6 wurde 1446 als Pfleghof des Klosters Gutenzell aus Oberschwaben erbaut, das von hier aus seinen fernen Streubesitz – darunter zahlreiche Weinberge und eine eigene Kelter – in Tübingen, Lustnau und Kusterdingen verwaltete. Auch nach der Reformation behielt das 1521 Reichsabtei gewordene Kloster seinen Tübinger Hof und Besitz. Erst 1631 verkaufte die Äbtissin Maria Barbara Thumb von Neuburg ihren gesamten Besitz samt einer Kelter an das Tübinger Spital. Obwohl das Gebäude heute eine ganz andere Nutzung erfährt, ist seine alte Funktion als Pfleghof – Lager landwirtschaftlicher Erzeugnisse – an dem offenen Torbogen, einst Toreinfahrt für Pferdewagen noch gut erkennbar.

Abbild eines Tübinger Kaufmanns (Jakobspilger?) um 1480 als Konsolträger am Haus Kirchgasse 2.

Marktplatz

Die Straße abwärts geht es nun zum Marktplatz. Er sei die „gute Stube" der Stadt, sagt man, und tatsächlich, seitdem er autofrei ist, sieht er nicht nur an Markttagen – Montag, Mittwoch, Freitag – möbliert und bewohnt aus. Die ihn umgrenzenden Häuser verleihen ihm eine Kulisse für vielfältiges öffentliches Leben. Straßencafés machen sich breit, Obdachlose genießen den Schutz der Rathausarkaden, jugendliche Besucher sitzen am Brunnen, Straßenmusikanten bringen sich zu Gehör. Abends zumal dient er einem meist jugendlichen Publikum als „Wohnzimmer", in warmen Nächten fast ohne Ende, den Anwohnern zum Trotz. Dort, wo Hegel, Hölderlin, Schelling und andere Sympathisanten der Französischen Revolution einen Freiheitsbaum errichtet und umtanzt haben sollen, finden auch heute noch viele Veranstaltungen statt. Legendär bereits ist das „Folk-Festival"

Blick in die Hirschgasse und den Marktplatz, Gemälde von 1835.

Blick von der Kirchgasse zum Marktplatz mit dem Rathaus, Aquarell von 1825.

des Club Voltaire, das vor allem in den 70er Jahren sein alternatives Publikum fand und Zehntausende nach Tübingen pilgern ließ. Bei genauerem Hinsehen kann man an dieser „guten Stube" allerdings auch ein paar Flecken entdecken, echte grüne etwa am Rathaus, Erinnerung an die polizeiliche Räumung eines besetzten Hauses: „Flekken von Farbbeuteln wohnungsnotgebeutelter Studenten".

Neben der Stadtmauer zeugt heute noch der Marktplatz von der Stadtwerdung Tübingens. Ist doch die Begründung eines Marktes, die Verleihung des Marktrechts der Ausgangspunkt der Entwicklung vom Dorf zur Stadt. 1302 wird der Markt erstmals urkundlich erwähnt, Händler schon 1191, ein Hinweis darauf, daß der Markt etwa 800 bis 900 Jahre alt ist. Seine heutige Gestalt erhielt er wohl nach den Stadtbränden von 1476 (Südseite des Marktes, insgesamt 18 Häuser) und 1540 (Nordseite bis Kornhaus und Collegiumsgasse, insgesamt 69 Wohnungen; Inschrift am Calwer-Haus, Kronenstr. 17): Kellerreste unter dem Pflaster belegen, daß er davor kleiner war.

Marktbrunnen

Einen besonderen Akzent hat der Platz seit dem Beginn des 17. Jahrhunderts durch seinen Brunnen. Der heutige wurde 1948 als „Zeichen der Hoffnung“ als erstes öffentliches Bauwerk Tübingens nach dem Zweiten Weltkrieg (wieder) errichtet. Der alte, 1617 von Heinrich Schickhardt entworfene und von Georg Müller in Stein gehauene Marktbrunnen war brüchig geworden und wurde nun durch Vermittlung der französischen Besatzer aus altem Waffenschrott in dauerhafterem Bronze nachgegossen. Auf seiner Spitze „bewacht“ Neptun mit dem Dreizack den Markt, im Stock darunter symbolisieren Frauengestalten die vier Jahreszeiten und im Rankenwerk der Wasserrohre sind zehn kleine Silhouetten zu erkennen (nicht ganz leicht, man braucht einen Blick dafür), die Köpfe (im Profil, teils mit Hut oder Zigarre) der am Wiederentstehen des Brunnens Beteiligten: Gemeinderäte und Bürgermeister, Künstler und Handwerker, Stadtbauräte und ein Zeitungsverleger.

Brunnen auf dem Tübinger Marktplatz, Bestandsaufnahme vom Ende des 19. Jahrhunderts.

Wer genau hinsieht, kann im Rankenwerk unter den Wasserrohren zehn kleine Silhouetten entdecken, zehn Köpfe im Profil: die am Wiederentstehen des Brunnens 1948 Beteiligten.

Rathaus

Das größte, auffallendste und fast die ganze Westseite des Marktplatzes einnehmende Gebäude ist das Rathaus. Im Jahr 1433 beurkundet Werndrut Häringstainin, daß sie zusammen mit ihrem verstorbenen Mann ihr Haus am Markt der Stadt verkauft habe und diese beabsichtige, es zu einem Rathaus umzubauen, was wohl 1435 (dreistöckig) geschah. Das Erdgeschoß bestand aus einer großen offenen Halle mit mächtigen hölzernen Säulen, in der Metzger und Bäcker ihre Waren anboten. Zur Erinnerung daran dienen die heutigen Betonarkaden. Wer sich einen guten Eindruck vom ursprünglichen Zustand machen will, sollte im ersten Stock den Großen Sitzungssaal besichtigen (vormittags in der Regel offen), der sich seinen Hallencharakter bewahrt hat und ein Abbild des Erdgeschosses bietet. Um 1508 wurde das Haus mit einem dritten Obergeschoß aufgestockt. 1511 fertigte der Mathematiker und Astronom Johannes Stöffler eine astronomische Uhr, die zunächst im Erdgeschoß, 1849 dann im Ziergiebel unterkam, der mit dem Balkon 1598 errichtet worden war. Von 1965 bis 1969 wurde das Rathaus erweitert und gründlich renoviert, Startschuß für die inzwischen abgeschlossene Altstadtsanierung. Zu den Ausbauten um die Jahrhundertwende an der Haaggasse kam 1979/83 eine Erweiterung unter Einbeziehung mehrerer Häuser hinter dem Rathaus, die diesem über die Rathausgasse hinweg mit einem Steg verbunden wurden.

Die 1511 von Johannes Stöffler erbaute astronomische Uhr im Ziergiebel des Tübinger Rathauses.

Die Fassade war seit dem 16. Jahrhundert bemalt (Reste an der Südseite zur Haaggasse). Der heutige „Dekor" geht auf einen Entwurf von Professor Dollinger 1876 zurück, der zum 400jährigen Universitätsjubiläum den Auftrag erhielt, *„für die Fassung des Rathauses eine der Altertümlichkeit desselben entsprechende Skizze anzufertigen"*. Die Sgrafittomalerei in „Neo-Renaissance-Stil" erzählt vor allem von den großen Männern der Stadt: von Konrad Breuning, der maßgeblich am Tübinger Vertrag 1514 beteiligt war und von Herzog Ulrich 1517 schändlich hingerichtet wurde; von Johannes Osiander, der 1688 die Stadt vor der Einäscherung durch französische Truppen rettete, was ihm als französischen Agenten wohl gar nicht so schwer gefallen war, wie es die vielen Geschichten um seine Heldentaten belegen wollen; von Jakob Heinrich Dann, Bürgermeister und Verfechter landständischer Rechte; von Johann Ludwig Huber, der sich ungerechten Steuerplänen des württembergischen Herzogs widersetzte; von Johann Friedrich von Cotta, dem großen Verleger; von Ludwig Uhland, dem Dichter, Gelehrten und Politiker.

Johann Osiander (1657 – 1724), Professor für griechische und hebräische Sprache sowie für Geographie, Retter Tübingens beim Franzoseneinfall 1688. Porträt an der Rathausfassade von 1876.

Über ihnen allen steht flankiert vom Wappen Tübingen, Universität und Württemberg der populärste: der Graf und Universitätsgründer Eberhard „im Bart", „Württembergs geliebter Herr", der 1495, nachdem er zum Herzog erhoben worden war, den Wettstreit der deutschen Fürsten in Worms, wer unter ihnen der größte sei (*„Preisend mit viel schönen Reden ihrer Länder Wert und Zahl"*), für sich entschied mit dem von Melanchthon überlieferten und von Justinus Kerner dichterisch umgesetzten Ausspruch, er verfüge zwar nur über ein kleines, armes Land, *„Doch ein Kleinod hälts verborgen:/Daß in Wäldern noch so groß,/Ich mein Haupt kann kühnlich legen/Jedem Untertan in Schoß."* Den ersten Stock schmücken Frauengestalten, doch nur als Allegorien für Gerechtigkeit, Ackerbau und Wissenschaft. Von der dortigen Kanzel nahmen die Herzöge die Huldigungen ihrer Untertanen entgegen, von ihr wurden jährlich „der Bürgerschaft die Ordnungen und Befehle" verlesen. An der Südostecke des Rathauses mit Blick zum Wienergäßle weist eine Bacchantin, trunken ihr Kleid hinter sich werfend, auf die Bedeutung des Marktes als Umschlagplatz des Weines hin.

Kauf- und Markthaus war dieses Gebäude, doch auch Rathaus: 1458 wird erstmals erwähnt, daß in ihm statt „unter den Wolken" das Stadtgericht tagt. Zudem diente es als Bürgerhaus, Ort von Festivitäten und Feierlichkeiten. Von 1514 bis 1806 spielte es eine bedeutsame Rolle als Tagungsstätte des württembergischen Hofgerichts, des höchsten Gerichts im Fürstentum, der letzten Appellationsinstanz. Dieses letztere Privileg verdankten die Tübinger der Hilfe, die sie 1514 Herzog Ulrich bei der Niederwerfung des Bauernaufstands vom „Armen Konrad" gewährt haben. Anzumerken ist allerdings, daß sie dies erst taten, nachdem der Herzog im „Tübinger Vertrag" seinen Untertanen ein Mitspracherecht bei der Regierung zubilligte und ihnen gewisse Grund- und Menschenrechte einräumte. Dieses „alte, gute Recht“, wie es Ludwig Uhland nannte, spielte noch in den württembergischen Verfassungskämpfen des 19. Jahrhunderts eine große Rolle.

Das Tübinger Rathaus vor 1848 mit der astronomischen Uhr neben der Sprechkanzel am 1. Stock.

Im Innern sind sehenswert der Öhrn, einst Empfangssaal, mit einer Grisailleausmalung um 1596, den sog. „Gerechtigkeitsbildern“, der farbig ausgemalte Kleine Sitzungssaal und der Große Sitzungssaal. In letzterem tagt seit 1968 der Gemeinderat, der rund 60 Köpfe umfassend – mehr als manches Länderparlament – , seit Jahren „etwas ganz Besonderes“ ist. Dies wird zumindest gerne und oft von Politikern, der Presse oder Lokalkolorit verbreitenden Schriften beschworen.

Marktplatz umrahmende Häuser

Die den Marktplatz umrahmenden Häuser gehen fast alle auf das 15. oder 16. Jahrhundert zurück. Natürlich erlebten sie in der Folgezeit zahlreiche Erweiterungen, Um- und Anbauten, Aufstockungen, mitunter gar ihre oberflächige Vernichtung und einen Neubau, wie das evangelische Gemeindezentrum „Lamm“ in den 70er Jahren – zwar in alter Form, doch „ehrlich“ mit sichtbarem Beton im Gegensatz zum Café Pfuderer, dem nach einem Brand ein Alter vortäuschendes „Streichholz“-Fachwerk vorgeblendet wurde.

Alle haben sie ihre eigene Geschichte. Im Pfuderer wuchs Isolde Kurz auf, lebte und schrieb ihr Vater Hermann Kurz. Im Lamm, einst Gasthaus,trafen sich zur Zeit der Französischen Revolution freiheitsliebende Studenten, später versammelte sich hier um Gustav Schwab die „Romantika“. Im Lamm geboren wurde als Sohn

Studenten reiten über den Marktplatz, Stammbuchblatt des 17. Jahrhunderts.

des Wirtes 1773 Karl (Carlo) Steeb, der 1792 nach Verona gesandt, dort konvertierte und sich 1796 – inzwischen von zu Hause verstoßen – zum katholischen Priester weihen ließ. Als Pfleger von Kranken und Armen, als „Samariter von Verona" wurde er vor etwa zwanzig Jahren selig gesprochen. Die links daneben befindliche Mayer'sche Apotheke war im 18. und 19. Jahrhundert Stammsitz der weitverzweigten Gelehrtenfamilie Gmelin, deren einer Sproß von 1955 bis 1974 Oberbürgermeister in Tübingen war. Dieser ist allerdings im Bekanntheitsgrad längst von seiner Tochter Herta, Rechtsexpertin und SPD-Politikerin überholt.

Für manche ist dieser Marktplatz mit seinem Brunnen, dem Rathaus und den hohen Häusern eine „Idylle". Denen sei nicht verschwiegen, daß auf diesem Platz 1505 eine Hexe verbrannt wurde, daß auf ihm bis 1828 ein Schandpfahl, ein Pranger stand, an dem vornehmlich Frauen zur Schau gestellt wurden, daß auf diesem Rathaus im Mai 1933 der Gemeinderat (wohl als erster in Deutschland) beschloß, „Juden und Fremdrassigen" den Zutritt zum Freibad zu verbieten, daß der von 1939 bis 1945 amtierende Oberbürgermeister Ernst Weinmann während des Krieges bei einer Einsatzgruppe der SS in Jugoslawien wütete, was ihm den Beinamen „Henker von Belgrad" einbrachte.

Marktplatz mit Blick aufs Rathaus, davor ein 1793 abgebrochenes Wächterhaus und eine Schandbühne mit dem Pranger, Stammbuchblatt von 1776.

Vom Marktplatz zum Schloß

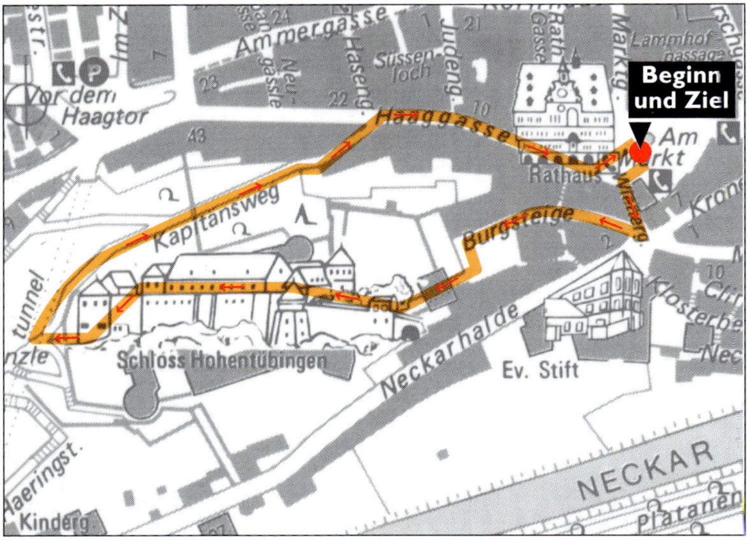

Burgsteige

Der Ausgangspunkt zu diesem Spaziergang ist der Marktplatz, den man über das Wiener Gäßle verläßt. Dieses hieß früher übrigens Marktsteigle und erhielt erst im 16. Jahrhundert nach einem Schmied namens „Wiener“, dem das Haus Nr. 2 (Gaststätte Lichtenstein) gehört hatte, seinen heutigen Namen. Vom „Faulen Eck“ aus, geht es dann steil die Burgsteige, eine der ältesten, aber auch malerischsten Straßen Tübingens hoch. Mehrfach sind an den Häusern noch Jahreszahlen – 1491, 1540, 1576 und 1609 – zu erkennen, die Umbau- oder Neubauzeiten belegen. Daß in dieser Stadt wirklich alles „eckig, winklich, bergig, krumm“ ist, nirgends wird dies besser bestätigt als hier.

Jahreszahlen an den Häusern der Burgsteige belegen Neu- und Umbauten.

Eine bedeutende Rolle in der Druck- und Verlagsgeschichte der Stadt, aber auch Württembergs spielte das Haus Burgsteige Nr. 7. In ihm war die Druckerei von Ulrich Morhart untergebracht, der sich 1523 in

Tübingen niederließ. Zwar hat es schon vor ihm in Tübingen Drucker-Verleger gegeben, von 1498 bis 1502 Johann Otmar und von 1511 bis 1516 den berühmten Humanistenverleger und Drucker Thomas Anshelm. Doch war deren Wirken in Tübingen eher episodenhaft, während nach dem Zuzug Ulrich Morharts, der selbst auf Dauer in Tübingen blieb, die Kette der Drucker und Verleger nie mehr abbrach, Morhart den Grundstock für die Entwicklung Tübingens zu einer Buch- und Verlagsstadt legte. Wie damals üblich war er Drucker, Verleger und Buchhändler in einem, wichtig für die Tübinger Professoren als Drucker und Verleger ihrer Werke, aber auch für die gesamte Universität als Beschaffer fremder Literatur.

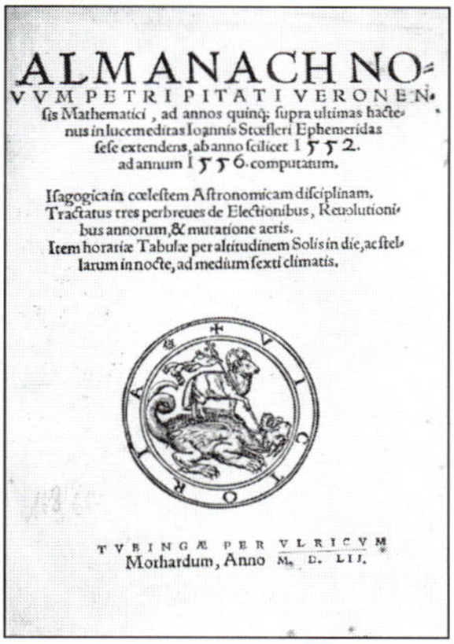
ALMANACH NOVVM PETRI PITATI VERONENſis Mathematici, ad annos quinq; ſupra ultimas hactenus in lucem editas Ioannis Stoefleri Ephemeridas ſeſe extendens, ab anno ſcilicet 1552. ad annum 1556. computatum.

Iſagogica in cœleſtem Aſtronomicam diſciplinam.
Tractatus tres perbreues de Electionibus, Reuolutionibus annorum, & mutatione aeris.
Item horariæ Tabulæ per altitudinem Solis in die, ac ſtellarum in nocte, ad medium ſexti climatis.

TVBINGÆ PER VLRICVM Morhardum, Anno M. D. LII.

Titelblatt aus dem Verlag von Ulrich Morhart, der sich 1523 in Tübingen als Drucker-Verleger niederließ.

Ja, nach Einführung der Reformation in Württemberg 1534 wurde Morhart, von dem etwa 160 Drucke bekannt sind, gar eine Art herzoglicher Hofbuchdrucker. Er druckte und verlegte nicht nur die Schriften des württembergischen Reformators Johannes Brenz, sondern auch die neuen Staatsordnungen, so etwa 1536 die württembergische Landesordnung, die „Ordnung eins gemeinen kasten für die armen“ oder die erste evangelische Kirchenordnung. Bei Morhart gedruckt wurden auch die von den württembergischen Gesandten beim Trienter Konzil übergebenen Schriften, die Confessio Virtembergica, in lateinischer, deutscher, italienischer und französischer Fassung. Zum Bestseller wurden ihm die „Facetiae“ des Tübinger Humanisten Heinrich Bebel, von denen in kurzen Abständen acht Auflagen erschienen. Weniger auflagenstark waren, dafür aber um so wirksamer bis heute wurden zwei 1550 von dem aus seiner Heimat vertriebenen Primus Truber in Auftrag gegebenen und in der „Windi-

Michael Mästlin (1550 – 1631), Professor der Mathematik und Astronomie, Lehrer von Johannes Kepler.

schen Sprache“ gedruckten Bücher, die ersten Bücher in Slowenisch überhaupt.

Nach Morharts Tod 1554 kam es – er war mehrfach verheiratet gewesen – zu Erbauseinandersetzungen. Das Haus übernahm Ulrich Morhart, der gleichnamige Sohn aus einer der ersten Ehen. Der Betrieb jedoch kam an die Witwe und deren Söhne aus ihrer früheren Ehe, Joachim und Georg Gruppenbach.

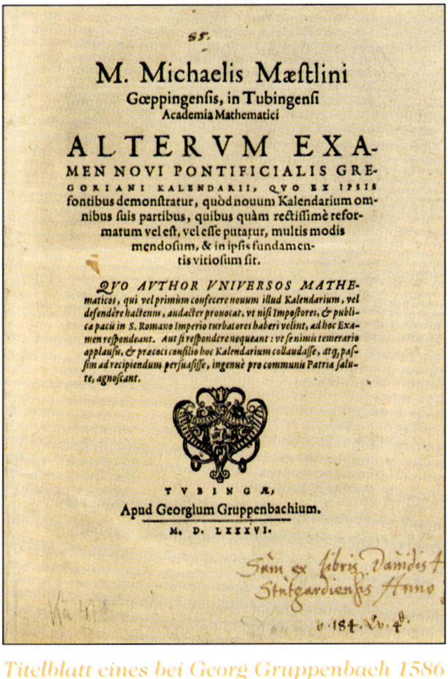

M. Michaelis Mæſtlini
Gœppingenſis, in Tubingenſi
Academia Mathematici

ALTERVM EXAMEN NOVI PONTIFICIALIS GREGORIANI KALENDARII, QVO EX IPSIS fontibus demonſtratur, quòd nouum Kalendarium omnibus ſuis partibus, quibus quàm rectiſſimè reformatum vel eſt, vel eſſe putatur, multis modis mendoſum, & in ipſis fundamentis vitioſum ſit.

QVO AVTHOR VNIVERSOS MATHEmaticos, qui vel primùm confecere nouum illud Kalendarium, vel defendêre hactenus, audacter prouocat, vt niſi Impoſtores, & publicæ pacis in S. Romano Imperio turbatores haberi velint, ad hoc Examen reſpondeant. Aut ſi reſpondere nequeant: vt ſe nimis temerario applauſu, & præcoci conſilio hoc Kalendarium collaudaſſe, atq; paſſim ad recipiendum perſuaſiſſe, ingenuè pro communis Patriæ ſalute, agnoſcant.

TVBINGÆ,
Apud Georgium Gruppenbachium.
M. D. LXXXVI.

Titelblatt eines bei Georg Gruppenbach 1586 verlegten Werkes von Michael Mästlin aus Göppingen, Mathematiker der Tübinger Universität.

Ulrich Morhart der Jüngere versuchte sich zwar auch als Drucker und Verleger, doch war ihm – er starb 1567 – ebenso wie seinem Ehe- und Geschäftsnachfolger Alexander Hock wenig Erfolg beschieden. Zu Beginn des 17. Jahrhunderts befindet sich das Haus im Besitz von Michael Mästlin (1550 – 1631), seit 1584 Tübinger Professor für Astronomie und Mathematik, Lehrer von Johannes Kepler, der wegen seiner Leibesfülle von seinem berühmten Schüler mit dem Spottvers bedacht wurde: *„Leicht trägt jener des schlanken Leibes Belastung/Rasch drum schwingt er sich auf zu den himmlischen Höhn.“* Mästlin hat das Haus nach einem größeren Umbau – die Jahreszahl 1609 ist auf dem Türsturz zu erkennen – weitgehend sein heutiges Äußere zu verdanken.

Nach diesem Haus öffnet sich die Burgsteige platzartig: der von 1593 bis 1608 regierende Herzog Friedrich von Württemberg hat im Zusammenhang mit dem Ausbau des Schlosses zu Beginn des 17. Jahrhunderts den oberen linken Teil der Burgsteige aufkaufen und abbrechen lassen. So bekam die Schloßbastion ein besseres Schußfeld, vor allem aber konnte das auf Repräsentation und Fernwirkung bedachte Schloßportal besser in Szene gesetzt werden.

Bis dahin stand hier unter anderem die Druckerei des Georg Gruppenbach, der nach dem Tod des Bruders 1571 und der Mutter 1574 Alleininhaber des Unternehmens seines Stiefvaters Ulrich Morhart des Älteren geworden war und dessen erfolgreiches Werk fortsetzte. So zählten zu seinen Autoren fast alle Professoren der Universität, zudem zahlreiche junge Gelehrte, wie Johannes Kepler, dessen astronomisches Erstlingswerk „Prodromus dissertationum cosmographicarum" er 1596 in sein Verlagsprogramm übernahm. Zahlreiche Aufträge erhielt er, der regelmäßig die Frankfurter Buchmesse besuchte, aber auch vom württembergischen Herzog bzw. der herzoglichen Regierung: Er druckte und verlegte, sowohl die erste deutsche Bibel im Herzogtum Württemberg, als auch das erste württembergische Kirchengesangbuch, das erstaunlicherweise erst fünfzig Jahre nach Einführung der Reformation 1583 erschien – bis dahin hatte man in Württemberg ersatzweise das Straßburger Gesangbuch benutzt.

Mit herzoglicher Unterstützung setzte Gruppenbach – zunächst mit dem Bruder und der Mutter, später allein – fort, was sein Stiefvater Morhart kurz vor seinem Tod gerade noch begonnen hatte: das Drucken von evangelisch-theologischen Büchern in slawischen Sprachen, vornehmlich in kroatisch und slowenisch, mit eigens dafür gefertigten glagolitischen und kyrillischen Lettern. Als Drucker der Werke von Primus Truber, „dem Vater der slowenischen Literatur und Kultur", der 1566 Pfarrer in Tübingen-Derendingen wurde, trug auch er zur Bewahrung, insbesondere der slowenischen Sprache bei.

Ein Christlich Gespräch eines gutherzigen Præsidenten/Lutherischen Predicanten/ vnd Jesuiters.
Von der Catholischen Apostolischen Christlichen Kirchen:
Was dieselbige sey: vnnd ob die Lutherische Prediger/ oder der Papst mit seiner Priesterschafft/ von derselbigen abgefallen.
Vnnd würdt in disem Colloquio ein Form vnnd Weise gezeigt: Welcher gestalt vor Christlichen Potentaten/ Fürsten vnd Herrn/ von den strittigen Articuln in Religionssachen/ ein heilsam Colloquium anzustellen: Darauß auch die Leyen (mit gewinnung der zeit) ein nutzen empfahen/ vnd den grundt der warheit erlernen mögen.
Gestelt durch
Iacobum Andreæ, D. Propst vnd Cantzlern bey der Vniuersitet zu Tübingen.
Getruckt zu Tübingen/ bey Georgen Gruppenbach/ Anno 1590.

Zahlreiche Kirchen- und Staatsschriften druckte Georg Gruppenbach im Auftrag des württembergischen Herzogs.

Georg Gruppenbach galt als ein unternehmerischer, aber auch sehr vorsichtiger Verleger. Nikodemus Frischlin, ein für sein Lästermaul allerdings bekannter Poetik-Professor und Dichter schimpfte: *„Wer unseren Gruppenbach kennt, weiß wie schwer er sich dazu bringen läßt, eine Schrift in seinen Verlag aufzunehmen. Er krümmt sich als ob er Würmer im Bauch hätte. Denn er nimmt nur dann eine Schrift zum Verlag an, wenn er des Absatzes ganz sicher ist."* Trotz allem: 1606 machte er, mit 17 000 Gulden verschuldet, Bankrott. Er hatte sich vermutlich durch einen aufwendigen Hausbau oder Hausumbau übernommen. In diesem Zusammenhang wurde sein Haus wohl von der herzogliche Regierung erworben und abgerissen.

Bevor wir zum Schloß weiter gehen, sollten wir uns zunächst zur rechten Häuserzeile der Burgsteige, die ja bis an den Schloßgraben reicht, wenden.

Im Hotel zum Schloß mit seinem „Maugeneschtle" (schwäbisch: Versteck für Obst) kann man auf einer schönen, *„über der Altstadt schwebenden Terrasse"* Maultaschen (schwäbische Spezialität) in allen Varianten essen, *„deren Rezepturen"* der Wirt *„laufend selbst erfindet und darüberhinaus, überwürzt mit original schwäbischen Sprüchen, 50.000fach selbst verlegt"*. 1838 fand hier vorübergehend der damals 31jährige Friedrich Theodor Vischer, Freund von David Friedrich Strauß, gerade außerordentlicher Professor für Ästhetik und deutsche Literatur geworden, Unterkunft bei der Witwe just jenes Mannes, der dafür gesorgt hatte, daß Strauß in der „Leben-Jesu"-Affäre seine Stelle als Stiftsrepetent verlor: Johann Christian Friedrich Steudel.

Schloßküferei vor dem Schloßportal, an deren Stelle 1904 das Haus der Verbindung Roigel gebaut wurde.

Mit dem „Roigelhaus", Sitz der „Königsgesellschaft", einer 1838 von Stiftsstudenten im Gasthaus König (roi) gegründeten Verbindung, endet die Burgsteige. Das letzte ist auch das jüngste Haus am Berg. 1904 wurde es von den Stuttgarter Architekten Paul Schmohl und Georg Staehelin in einer Art mittelalterlichem Jugendstil erbaut. Sein Äußeres wurde entscheidend geprägt durch ein Gutachten des berühmten Architekten Theodor Fischer, das empfahl, beim Neubau daran zu erinnern „anklingen zu lassen", daß vorher hier die ehemalige Schloßküferei gestanden ist.

Diese, ursprünglich herzogliche, dann 1756 privatisierte Küferei, zählte im 19. Jahrhundert wegen ihrer Gartenwirtschaft und wegen einer um 1800 erbauten Kegelbahn zu den viel besuchten Studentenlokalen. Zur Erinnerung an seine Besuche schrieb Eduard Mörike 1827 eine umfangreiche Ballade „Des Schloßküpers Geister", die, „beim Weine zu singen", zugleich einen Rückblick auf alte Burschenherrlichkeit bietet:

„In's alten Schloßwirts Garten,
Da klingt schon viele Jahr kein Glas!
Kein Kegel fällt, keine Karten,
Wächst aber schön lang Gras."

Als Hermann Kurz 1838 die erste Mörike-Ausgabe vorbereitete, notierte er sich dazu: *„Ich habe zu meiner Zeit* (er studierte von 1831 bis 1835 im Evangelischen Stift) *diese Kneipe als meine ‚Insel Felsenburg' entdeckt, mehrere Gedichte dort geschrieben, und zuletzt einigen Freunden den ‚Falstaff' vorgelesen. Danach kam der Ort wieder in die Mode und war namentlich den Schloßpredigern sehr gelegen, wie ich denn auch manchmal den Geist dort empfangen habe."*

Wirtschaft auf dem Schloß um 1825, beliebter Treffpunkt der Studenten in der Biedermeierzeit.

Schloßportal

Vor dem Schloßportal sollte man sich Zeit nehmen, vielleicht gar zuerst über die kleine Mauer links davor nach unten zur Neckarhalde schauen, das Auge dem Spiel der

Das untere Schloßportal von 1606/07, „Wehrbau und prunkvolle Toranlage“ zugleich, gilt als eines der schönsten Kunstwerke der Renaissancezeit in Baden-Württemberg.

Dächer überlassen. Hier könnte der Ort sein, an dem sich Friedrich Nicolai auf seiner Reise durch Deutschland 1781 über Tübingen notierte: *„Die Stadt hat eine höchst unbequeme Lage auf einem Bergrücken, von beiden Seiten abhängig. Die Straßen sind daher äußerst uneben . . . ja in einigen Häusern . . . steigt man von der Spitze des Dachs in eine andere Straße.“*

Zeit sollte man sich auf jeden Fall für das Schloßportal selbst nehmen, das ein Wehrbau und eine prunkvolle Toranlage zugleich darstellt und zweifellos zu den schönsten Kunstwerken der Renaissancezeit in Baden-Württemberg gehört.

Im Mittelpunkt des Schloßportals steht das württembergische Wappen, umgeben vom englischen Hosenbandorden.

In seiner Gesamtheit ist der Torbau ein gewaltiges Bollwerk, dessen vordere Ecken mit je einem quadratischen, auf profilierten, auskragenden Konsolen stehenden und mit einem Pyramidendach bekrönten Türmchen (Schilderhäuschen) versehen sind, die einerseits den Wehrcharakter des Baus unterstreichen, andererseits aber auch dessen strenge Gliederung mildern. In der zur Stadt gerichteten Schaufront ist der Eingang mit einem Haupt- und einem Nebenportal durch bildhauerischen, triumphbogenartigen Schmuck aus Sandstein hervorgehoben. Der Fries des „Triumphbogens“ wird von vier toskanischen Säulen – je zwei links und rechts des Hauptdurchgangs – getragen, die ihrerseits auf Postamenten stehen. Diese sind mit Reliefs –

Löwenköpfen, Nike und Athene – dekoriert. Die im oberen Teil kannelierten Säulen haben Beschlagwerkmanschetten, sind mit Roll- und Schweifwerk, in denen sich kleine Figuren verbergen, geschmückt. Der niedrige Fries selbst, aus dessen Mitte ein Gorgoneion hervorspringt, zeigt in flachen Reliefs Waffen, insbesondere Geschütze. In den Zwickeln des Mittelportals unter dem Fries sind zwei Liegefiguren – Poseidon und Artemis – eingefügt.

Am stärksten ins Auge fallen die Bildhauerarbeiten über dem kräftigen Hauptgesims. Dort baut sich über einem Diamantenband in der Mitte das württembergische Herzogswappen auf, umgürtet mit der Ordenskette des französischen St. Michaelsordens und der des englischen Hosenbandordens mit der Devise Hon(y) soit qui mal y pense (Ein Schelm wer schlecht denkt). Auf dem Gesims stehen außen zwei einander zugekehrte lebensgroße vollplastische Landsknechte in „modischer Montur" der Zeit. Der rechte schwingt mit beiden Händen ein großes Schwert, einen sogenannten Biedenhänder, der linke hält eine Muskete im Anschlag: ein beinahe barock anmutender Effekt des Renaissanceportals. Die Felder zwischen dem Wappen und den Soldaten sind ausgefüllt mit überaus üppigem Beschläg- und Schweifwerk, Fruchtbündeln und Fratzengesichtern. Bekrönt werden sie von zwei liegenden Figuren: Herakles mit Keule und umhängendem Löwenfell, Aphrodite mit einem Eros.

Vordergründig ist dies die Demonstration von Stärke, kriegerischer Macht und Gewalt. Angst und Schrecken sollen die Fratzen auslösen; Gefahr, Wachsamkeit und Schutz sollen die Landsknechte den Entgegenkommenden signalisieren; gewappnet – mit den herzoglichen Insignien Württembergs und mit vielerlei Waffen – präsentiert sich der Eingang und macht so auch auf die Funktion des Schlosses als Festung aufmerksam. Selbst die Auswahl und die Darstellung der griechischen Götter kann dieser Idee untergeordnet werden, sind sie doch mit Ausnahme von Aphrodite alle bewaffnet, symbolisieren göttliche Kraft, kampfbereiten Eifer. Ja, auch die Liebesgöttin zeigt, so kann man meinen, ihre Waffen.

Bei genauerem Hinschauen wird deutlich, daß aus dem ganzen Verwirrspiel nicht nur die beiden Soldaten herausragen und direkten Kontakt mit dem Betrachter suchen, sondern – zurückhaltender, kleiner, dafür aber viel näher und unmittelbarer, fast auf Kopfhöhe – auch die das Haupttor rahmenden – am Scheitel und am Fuß des Durchgangs angebrachten – vier griechischen Gottheiten. Sie sind bzw. das, was sie zeigen, ist der Schlüssel zur Interpretation des Bildprogramms am Portal, ihre Konstellation deckt auf, was sich die Erbauer erdacht haben, was sie dem Betrachter sagen wollen. Die vier sind recht eindeutig zu identifizieren: In den Zwickeln über den Torbogen liegen der Meeresgott Poseidon mit seinem Dreizack und die Jagdgöttin Artemis mit ihren unfehlbaren Pfeilen. Die Postamente zeigen links die mit vielen Waffen ausgerüstete Siegesgöttin Nike und rechts die Göttin Athene. Wichtig ist der Bezug der vier zueinander: Poseidon, Artemis und Nike halten Siegeskränze in der Hand, die auf Athene zeigen und die für diese, die ohne Siegeskranz ist, bestimmt sind. Was Athene also verkörpert, symbolisiert und bedeutet, wofür sie steht, das erhält den Vorzug, den ersten Preis, den Siegeskranz. Sie gilt als nachahmenswertes Beispiel. Ihr Rang und ihr Vorbildcharakter werden noch durch ihre Stellung am Tor unterstrichen und hervorgehoben, steht sie doch auf der rechten Seite, der Schwert- und der Schauseite, und zieht so auch den Blick eines jeden Besuchers auf sich.

Am Schloßportal: die Göttin Athene in Rüstung, gestützt auf ein Schild mit dem Medusenhaupt, begleitet von einer Eule – Symbol für Weisheit, List und Stärke.

Nun könnte das eine Huldigung für die Stadt Tübingen sein, gilt Athene doch – zumindest im Württemberg des 16. und 17. Jahrhunderts – als Sinnbild der Universitätsstadt. „Neckar-Athen" wird die Stadt noch im 19. Jahrhundert genannt. Und als Göttin der Künste, der Handwerker und des Krieges spiegelt sie ja auch tatsächlich die drei Seiten Tübingens wider, verkörpert die Universität ebenso wie die Stadtbürger und die Schloßfestung mit ihrer Besatzung. Doch ohne die allegorische Rolle Athenes zu schmälern, deuten die ihr beigegebenen Attribute auf etwas zweites, auf eine tiefere Aussage. Zwar ist sie kriegerisch in voller Rüstung mit Helm und Helmbusch dargestellt, so wie sie nach der griechischen Mythologie dem Haupt ihres Vaters Zeus entsprungen ist, doch ist ihr kriegerischer Geist – wie viele ihrer Taten beweisen – nicht wie bei ihrem Bruder, dem Kriegsgott Ares, durch Mordlust und blindwütiges Töten gekennzeichnet, sondern durch Tapferkeit, Bedachtsamkeit, Klugheit, List und Schläue. Diese Eigenschaften werden noch dadurch unterstrichen, daß ihr eine Eule, die als klügster aller Vögel galt, beigegeben ist. Zudem ist der Schild, auf den sich der linke Arm Athenes stützt, mit dem Haupt der Medusa belegt. Auch hierin wird auf die Überlegenheit von kluger und bedachter List gegenüber stürmischer und brachialer Gewalt angespielt. Schließlich war es Athene, die dem Helden Perseus den Rat gab, wie er die Gorgonen überwinden und die Medusa, deren Blick versteinert, enthaupten könne: Durch eine Tarnkappe unsichtbar, benutzte Perseus seinen Schild als Spiegel, um so unbeschadet Medusa das von Schlangen gebildete Lockenhaupt abschlagen zu können.

Tübinger Schloß heute, Gesamtansicht.

Daraus wird deutlich, was an diesem Portal, dem Eingang zu einer der stärksten Festungen im Herzogtum Württemberg, dem Besucher auch gesagt werden soll, egal ob er in friedlicher oder kriegerischer Absicht kommt: Die Waffen, Geschütze, Musketen, Biedenhänder, Keule, Dreizack oder Pfeile sind wichtig, doch weit wirkungsvoller und bedeutsamer ist die Waffe des Verstands, sind das Wissen, der Geist, die Klugheit, die Besonnenheit. Daß im übrigen gerade auch Poseidon ausgewählt wurde, um Athene zu huldigen, ist voll Pikanterie, hatte er doch die einst schöne Medusa im Tempel der Athene verführt, und Athene hatte ob dieses Frevels das Haar der Medusa in Schlangen verwandelt.

Die aus Tuffquadern bestehenden Toranlage baute der Tübinger Maurermeister, Gerichts- und Ratsverwandte Anton Keller, den aus

Sandstein geschaffenen bildhauerischen Schmuck fertigte der aus Schwäbisch Gmünd gebürtige und in Tübingen verheiratete Christoph Jelin, ein damals sehr beschäftigter Bildhauer, der in Württemberg zahlreiche Arbeiten hinterlassen hat und der als einer der befähigtsten württembergischen Künstler seiner Zeit gilt. Die Entwürfe dazu, die Planung von Architektur und Schmuck gehen wohl auf den Stuttgarter Werkmeister Hans Braun und auf Heinrich Schickhardt zurück. So sind von Braun Entwurfszeichnungen überliefert, die auch Schickhardts Handschrift tragen und deutlich machen, daß Braun sich von Schickhardt mindestens beraten ließ. Datiert werden kann die Gesamtanlage auf 1606/07.

Nun durchquert man das Tor und steigt durch die Bastion zum Schloß empor. Man sollte dazu an der linken Mauer entlang gehen und den Blick übers Neckartal hinweg bis zur Schwäbischen Alb genießen, die hier wirklich als *„eine Mauer aus blauen Glasbergen“* erlebt werden kann, hinter der *„der Königin von Saba Schneckengärten liegen“*, wie es in Mörikes Geschichte vom Stuttgarter Hutzelmännlein heißt.

Tübinger Schloß vor der Sprengung des Südostturms 1647.

Oben angekommen, steht man vor einem Fünfeckturm, der im Stil der Vauban'schen Befestigungsarchitektur 1667 an Stelle eines im Dreißigjährigen Krieg gesprengten runden Turms trat, dessen ruinösen Reste man dahinter erblickt. Im 19. Jahrhundert diente der Fünfeckturm als Gefängnis, durch einen Gang mit dem damals darunter liegenden Amtsgericht (Neckarhalde 30) verbunden. Zu Beginn des 20. Jahrhunderts – das Gefängnis wurde in einen Neubau verlegt – wurden die Zellen an Theologiestudenten vermietet. Nach dem ersten Weltkrieg fanden hier in raschem Wechsel ein Kindergarten, eine Jugendherberge, ein HJ-Heim, die französische Besatzungsmacht, der Deutsche Wetterdienst, das Landesdenkmalamt Unterkunft. Erst jüngst wurde der Turm zur universitären Nutzung umgewidmet.

Vor dem Turm steht eine Linde, von der man, wenn sie noch etwas älter ist, wieder, wie von ihren Vorgängerinnen, bei Stadtführungen erzählen wird, sie sei von Herzog Ulrich eigenhändig gepflanzt worden, als er 1534 nach fünfzehnjähriger Vertreibung sein Herzogtum und damit auch seine Burg Hohentübingen zurückeroberte. Beim Einritt habe er, so berichtet die Sage, am Helm einen kleinen Lindenzweig getragen und diesen vor dem Schloß in die Erde gesteckt, woraus dann ein gewaltiger Baum gewachsen sei. Was die Sage überliefert, hat Gustav Schwab dichterisch umgesetzt:

„Vor den Toren vom Barette
Wirft der Fürst ein Lindenreis:
Wachs und blüh an dieser Stätte
Als ein Bäumlein grün und weiß!"

Die Linde soll auch Ludwig Uhland zu einem seiner bekanntesten Gedichte animiert haben:

„Ich saß bei jener Linde
Mit meinem trauten Kinde,
Wir saßen Hand in Hand.
Kein Blättchen rauscht' im Winde,
Die Sonne schien gelinde
Herab aufs stille Land.

Wir saßen ganz verschwiegen
Mit innigem Vergnügen,
Das Herz kaum merklich schlug.
Was sollten wir auch sagen?
Was konnten wir uns fragen?
Wir wußten ja genug.

Es mocht uns nichts mehr fehlen,
Kein Sehnen konnt uns quälen,
Nichts Liebes war uns fern.
Aus liebem Aug ein Grüßen,
Vom lieben Mund ein Küssen
Gab eins dem andern gern."

Die vielbesungene Schloßlinde auf der Bastei vor dem Fünfeckturm soll Herzog Ulrich 1534 nach der Rückeroberung Württembergs selbst gepflanzt haben.

Von der dem Schloß vorgelagerten Bastion hat man nicht nur eine malerische Sicht ins Neckartal und zur Schwäbischen Alb, wer sie durchstreift, erhält weitere bezaubernde Blicke auf Tübingens Altstadt mit der Stiftskirche oder ins Ammertal und die angrenzenden Höhen mit den markanten Klinikbauten. *„Von hier aus erscheinen selbst die mächtigen Kolosse der Universitätskliniken wie sorgsam aufgereihte Beispiele jüngerer Architekturgeschichte: Von den Stilreminiszenzen des Historismus (Nervenklinik 1897) über die Verspieltheit des Jugendstils (Augenklinik 1909) zu der Strenge des Neoklassizismus (Hautklinik 1909). Vom eleganten Bauhausstil (Chirurgie 1927) über die zweckbetonten Fassaden der 60er Jahre (Zahnklinik) setzt sich die Reihe bis in die Gegenwart (Großklinikum Schnarrenberg) fort.“* Ja, wer hier oben steht und schaut, kann es beinahe glauben, daß der Ausspruch des jungen Landgrafen Moritz von Hessen (1592 bis 1627) *„non est prospectu clarior ulla ibi“* (frei übersetzt: „einen schöneren Blick in die Welt bietet kein anders Schloß“), von ihm wirklich so gemeint war.

Wie Lehrbeispiele der Architekturgeschichte reihen sich Tübinger Kliniken beim Blick vom Schloß.

Die Geschichte des Schlosses

Die Geschichte des Schlosses reicht bis in die Mitte des 11. Jahrhunderts zurück. Damals bauten an seiner Stelle die Herren Tübingens, Grafen, die wohl aus dem Nagoldgau stammten, eine Burg, benennen diese nach dem darunter liegenden Dorf und sich selbst dann nach der Burg Grafen von Tübingen. Erstmals schriftlich erwähnt wird die Burg – und damit Tübingen überhaupt – als „Castrum Alemannorum“, das „Twingia“ heißt, 1078 anläßlich ihrer Belagerung durch König Heinrich IV. Die starke und wohl auch nicht eingenommene Burg wurde von den Grafen in der Folgezeit zum Herrschaftszentrum ausgebaut. 1188 soll sie einmal hundert Rittern Platz geboten haben.

Die dreilatzige Fahne, das Wappen der Pfalzgrafen von Tübingen, wird heute noch geführt von zahlreichen Städten und Regionen, die einst zum Einflußbereich dieser Dynastie gehörten, darunter die Städte Herrenberg, Böblingen, Feldkirch, Werdenberg, Langenargen, Tettnang, das österreichische Bundesland Vorarlberg und das Fürstentum Liechtenstein. Reitersiegel des Grafen Rudolf von Tübingen.

In der Stauferzeit zählten die Grafen von Tübingen zu den angesehensten, reichsten und mächtigsten Hochadelsfamilien des Reiches, erlangten unter König Konrad (1136 bis 1156) sogar die Pfalzgrafenwürde. Den Welfen, Zähringern oder Staufern gleich stifteten sie Klöster – das Benediktinerkloster Blaubeuren, das Prämonstratenserkloster Obermarchtal und das Zisterzienserkloster Bebenhausen –, erbauten Burgen und gründeten zahlreiche Städte, so etwa die benachbarten Böblingen und Herrenberg, die österreichische Stadt Feldkirch und die Schweizer Stadt Werdenberg, die alle bis heute ebenso wie das österreichische Bundesland Vorarlberg, in dem die Grafen reichen Besitz hatten, eine dreilatzige Fahne als Wappen führen, das heraldische Symbol der Grafen von Tübingen. Natürlich veranlaßten die Grafen auch den Ausbau und die Erhebung des Dorfes Tübingen zur Stadt, das 1231 erstmals civitas, also als Ort mit Stadtrecht und Bürgerschaft bezeichnet wird. Der „Tübinger Pfennig", eine in der Stadt geschlagene Münze, Tübinger Maße und Gewichte fanden eine weite Verbreitung. Doch der Untergang des staufischen Hauses, zu dessen Parteigängern sie gehörten, brachte den Pfalzgrafen einen Verlust ihrer politischen Macht und leitete ihren wirtschaftlichen Niedergang ein. 1342 sahen sich die verarmten Grafen gezwungen, zusammen mit der Stadt ihre namengebende Burg den Grafen von Württemberg zu verkaufen.

Diesen diente die Burg als „Landesveste", wiederholt aber auch als Witwensitz, beispielsweise zeitweilig für Henriette geborene

Die Portale im Innenhof des Schlosses sind reichhaltig geschmückt, etwa mit Porträt-Medaillons. Das abgebildete, mit „Julius Cäsar" beschriftet, zeigt ganz eindeutig die charakteristischen Gesichtszüge der Habsburger, die während der Vertreibung Herzog Ulrichs 1519 bis 1534 Herren des Tübinger Schlosses waren.

Gräfin von Mömpelgard, die eine sich lange Zeit auswirkende Erbkrankheit in die Familie brachte. Von Graf Eberhard im Bart, der 1477 die Universität gründete, und 1495 Württembergs erster Herzog wurde, wissen wir, daß er sich oft auf der Burg aufhielt, Gelehrte um sich sammelte, politische Fäden spannte. In ihr ist er 1496 auch gestorben.

Unter Herzog Ulrich (*1487 †1550) erhielt das Schloß dann im wesentlichen seine auf uns überkommene Gestalt. Ob er dabei auf Pläne seines Vorgängers Eberhard zurückgriff, weiß man nicht, doch ist dies wahrscheinlich. Es entstand eine neue, viel größere, breitere und höhere vierflügliche Anlage, die gewissermaßen das Gelände der alten pfalzgräflichen Burg ummantelte. Zuerst scheinen die vier Rundtürme, die zur Verstärkung der Ecken dienten, erbaut worden zu sein, zumindest sind für zwei Türme die Daten des Baubeginns 1507 und 1516 überliefert. 1519 kam es mit der Vertreibung Ulrichs aus Württemberg und der Machtübernahme durch Erzherzog Ferdinand von Österreich, dem Bruder Kaiser Karl V., zu einer Verlangsamung des Baus. Doch nachdem Herzog Ulrich mit Hilfe des Landgrafen Philipp von Hessen 1534 sein Land zurückerobert hatte, ging er um so engagierter an dessen Weiterführung, an die Fertigstellung der Flügel, zu deren Vollendung er Steine aus dem eigens dafür abgebrochenen Kirchenschiff des aufgehobenen Klosters Bebenhausen sowie vom Stift Einsiedel herbeischaffen ließ. Die Erfahrung von 1519 veranlaßten ihn, das Schloß eher als Festung denn als Prunkstätte auszubauen. Starke Schenkelmauern zum Haagtor und zum Hirschauer Tor verbanden Hohentübingen mit der Stadtbefestigung.

Als Ulrich 1550 auf seinem Schloß zu Tübingen starb, war dieses im großen und ganzen vollendet, sein Sohn, Herzog Christoph hat sich dann vor allem um die Ausstattung gekümmert.

Erst unter Herzog Friedrich, der von 1593 bis 1608 regierte, kam es noch einmal zu größeren Baumaßnahmen. Dem Schloß wurden zur Verstärkung der Wehrhaftigkeit die großen Basteien vorgeschoben, es entstand zur Stadt hin die prächtige Portalanlage. Damit war die etwa hundertjährige Bauzeit zum Abschluß gekommen.

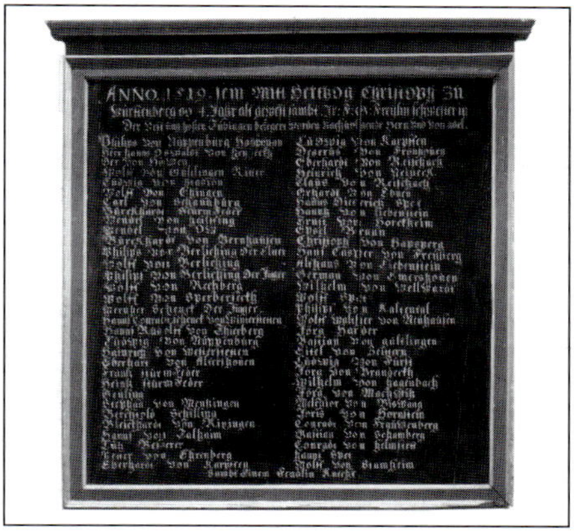

Die sogenannte Schandtafel, ein Verzeichnis mit den Namen der Ritter, die 1519 das Schloß bei der Belagerung durch den Schwäbischen Bund übergaben.

Natürlich ist die Geschichte von Hohentübingen mit zahlreichen kriegerischen Ereignissen verbunden. Zum Glück für die Stadt hißte die Besatzung immer frühzeitig die weiße Fahne. So übergab sie 1519 das Schloß, in dem der flüchtende Herzog Ulrich seine Kinder zurückgelassen hatte, schon nach kurzer Beschießung den Truppen des Schwäbischen Bundes unter Führung von Jörg Frundsberg. Die Kinder, die Verteidiger – 64 Ritter und 400 Soldaten –, die Stadt blieben verschont, Herzog Ulrich jedoch brandmarkte später diese „verräterischen Gesellen" und ließ nach seiner Rückkehr im Rittersaal des Schloßes eine „Schandtafel" anbringen mit den Namen aller adligen Herren, die bei der Übergabe dabei gewesen waren. Die Tafel kann noch heute im Schloßmuseum besichtigt werden. Auch während des Dreißigjährigen Krieges wurde das Schloß mehrmals kampflos übergeben und kam so mal in den Besitz von kaiserlichen, schwedischen und schließlich bayerischen Truppen. Nur gegen Ende des

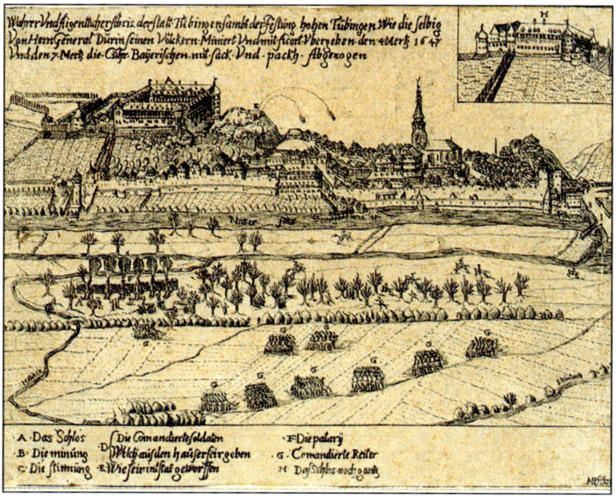

Belagerung von Stadt und Schloß durch französische Truppen kurz vor dem Ende des 30jährigen Krieges 1647, bei der der Südostturm unterminiert und gesprengt wurde.

Krieges (1647) kam es zu mehrtägigen Kampfhandlungen zwischen den bayerischen Verteidigern und der angreifenden französischen Armee. Hierbei kapitulierte die Besatzung erst, nachdem es den Franzosen gelungen war den Südostturm zu unterminieren und in die Luft zu sprengen. Die Lücke ist heute noch gut sichtbar, obwohl sie 1667 teilweise von einem neuen, nun allerdings fünfeckigen Turm wieder ausgefüllt wurde.

Am Ende des Dreißigjährigen Krieges diente Hohentübingen dem französischen Marschall Turenne als Hauptquartier, der nach dem Abschluß des Westfälischen Friedens 1648 das Schloß für Herzog Eberhard III. von Württemberg bereitwillig räumte. Noch zweimal erlebte das Schloß dann gegen Ende des Jahrhunderts 1688 und 1692 französische Besetzungen, beidemal gelang es Tübingen durch die geschickten Verhandlungen des Professors Johannes Osiander und die bereitwillige Kapitulation dem Schicksal Heidelbergs, das total niedergebrannt wurde, zu entgehen.

Infolge neuer Kriegstechniken verlor danach Hohentübingen seine strategische Bedeutung, so daß 1710 die beständige Besatzung abgerufen werden konnte. Die Festungsanlagen verfielen, die Wohnräume dienten der fürstlichen Familie oder deren Gästen bei gelegentlichen Besuchen als Absteigequartier. Seit etwa 1780 wurde auf dem Schloß eine Weinschenke betrieben, im Rittersaal eine Wirtschaft etabliert, über die Rudolf Magenau der Jugendfreund von Hölderlin und Hegel 1791 ein „Trinklied“ dichtete:

„Hier saßen sie oft beim Brudermahle
Und freuten sich beim Wein
Und schwuren laut beim kreisenden Pokale
Der Väter Stolz zu sein.“

Etwa zur gleichen Zeit erlebte Friedrich Hölderlin selbst das Schloß als „Burg“, die er lyrisch beschreibt:

„Still und öde steht der Väter Veste,
Schwarz und moosbewachsen Pfort und Turm,
Durch der Felsenwände trübe Reste
Saußt um Mitternacht der Wintersturm“ . . .

Ja das Schloßgelände geriet zum Abenteuerspielplatz für Kinder, wie Wilhelm Hauff (1802 bis 1827) berichtet: „ . . . *ihr Mauern des alten Schlosses. Wie oft dienten deine halbverfallenen Gänge, dein Keller, dein Zwinger, deine Verließe der fröhlichen Schar zum Tummelplatz der Spiele! Soldaten und Räuber, Nomaden und Karavanen! Wie wohl war uns oft in der untergeordneten Rolle eines Kosaken, während andere – Generale, Platow, Blücher, Napoleon und dergleichen vorstellten und sich prügelten? O Himmel, wie schön ließ es sich dort spielen!*“

Auf dem Nordostturm des Schlosses richtete 1752 die Universität ein „Observatorium“, eine Sternwarte, ein.

Der große Nutznießer des Schlosses aber wurde endlich die Universität. Zunächst war ihr 1752 nur erlaubt worden, ein astronomisches Observatorium, also eine Sternwarte, auf dem Nordostturm einzurichten, den 1817 Professor Bohnenberger zum Ausgangspunkt der trigonometrischen Vermessung Württembergs nahm. Über den sehr volkstümlichen Astronomen und Geodäten reimte man übrigens in Tübingen bei seinem Tod 1831: *„Die Sternwarte ist jetzt verwaist/seit Bohnenberger den Himmel selbst beraist.“*

1803/04 durfte die Universität im Südflügel dann ihr Naturalienkabinett, im Ostflügel eine Wohnung für Bohnenberger und im Nordflügel ihre physikalische Instrumentensammlung unterbringen. 1816 schließlich wies der gerade gekrönte württembergische König Wilhelm I. der Universität das ganze Schloß zur Nutzung an. Aus der Schloßküche wurde nun ein chemisches Laboratorium, im Rittersaal (bis 1912) die Universitätsbibliothek untergebracht, an der von 1863 bis zu seinem Tod 1873 der Dichter Hermann Kurz als zweiter Unterbibliothekar angestellt war.

Der Rittersaal diente bis 1912 als Universitätsbibliothek.

Nach aufwendigen Instandsetzungsarbeiten und einer gründlichen Sanierung von 1979 bis 1994, für die das Land Baden-Württemberg als Eigentümer 43 Millionen DM aufbrachte, sind im Schloß auf rund 4.600 qm die Fächer Ethnologie, Urgeschichte, Vor- und Frühgeschichte, Klassische Archäologie, Ägyptologie und Altorientalistik samt ihren Spezialbibliotheken anzutreffen, zudem zeigen sie in einem 1.800 qm umfassenden, öffentlich zugänglichen Museum Teile ihrer wissenschaftlichen Sammlungen, darunter eine große Zahl wahrer Schätze. In der urgeschichtlichen Abteilung kann man die 1931 ausgegrabenen überaus kostbaren Elfenbeinfiguren (u. a. Mammut, Wildpferd, Panther, Bison) aus der Vogelherdhöhle im Lonetal bewundern, die – rund 35 000 Jahre alt – als die ältesten von Menschenhand geschaffenen Kunstwerke gelten. In der Klassischen Archäologie sind Funde aus Troja ebenso zu sehen wie griechische Keramik und Kleinkunst, darunter der weltberühmte Tübinger Waffenläufer, eine Bronzestatuette aus der Zeit des frühen 5. Jahrhunderts vor Christus. Außergewöhnlich sind auch die altägyptischen Sammlungen, darunter die komplette reliefverzierte Grabkammer des Seschemnofer III. aus dem Friedhof von Giza (5. Dynastie, um 2 420 v.Chr.).

Die rund 40 000 Jahre alten Vogelherdfiguren, darunter das Pferdchen, zählen zu den kostbarsten Kleinodien, über die das Schloßmuseum verfügt, gelten sie doch als die ältesten von Menschen geschaffenen Bildnisse.

Geöffnet sind die Originalsammlungen sommers (1.5.-31.9.) Mittwoch bis Sonntag von 10.00 bis 18.00 Uhr, in der übrigen Zeit bis 17.00 Uhr, die Abgußsammlung sommers Mittwoch, Samstag und Sonntag von 10.00 bis 16.00 Uhr, in der übrigen Zeit Mittwoch und Sonntag von 10.00 bis 16.00 Uhr.

Schloß

So auf die Geschichte und gegenwärtige Nutzung des Schlosses wohl vorbereitet, gehen wir nun über den Bärengraben, in dem Herzog Christoph (1550 – 1568) ein Paar

Löwen gehalten hat, und durchs obere 1891/92 zwar nach altem Vorbild, aber ziemlich frei neu geschaffene Portal mit dem Wappen des Herzogtums Württemberg in den Schloßhof.

Wer Hohentübingen besucht und erwartet ein prunkvolles Märchenschloß vorzufinden, wird zunächst enttäuscht sein. Zu nüchtern, schmucklos, festungsartig präsentiert sich der Bau. Und dennoch ist der Blick in den goßen rechteckigen Schloßhof und die ihn umgebende, in frischen Farben glänzende Vierflügelanlage beeindruckend, der linke Flügel mit seiner offenen hölzernen Galerie wirkt geradezu elegant und bei näherem Hinsehen erschließen sich dem Betrachter gar manche sehenswerte Einzelheit, wie etwa die von lombardischer Renaissance geprägten Türgewände. Umstritten ist die Bemalung des Süd- und Westflügels. Gegner meinen, man hätte die Wände besser unverputzt belassen und den Naturstein zeigen sollen, die Quaderbemalung wirke attrappenhaft und sehr künstlich.

Der Schloßkeller beherbergt seit 1548 ein großes, rund 67 000 Liter aufnehmendes Weinfaß.

Leider kann man im Schloß, außer dem großartigen Museum mit den Schausammlungen der Universität, in dem man im übrigen auch einen sehr guten Eindruck von der prachtvollen Innenarchitektur des Renaissanceschlosses bekommt, nichts besichtigen. Im Schloßkeller gibt es zwar einen über 30 m tiefen (ausgeleuchteten) Brunnen und ein riesiges 850 hl fassendes Faß, eines der größten in Deutschland, doch zum Schutz einer seltenen Fledermauskolonie ist er seit 1992, solange bis die Tiere ein anderes Quartier gefunden haben, geschlossen. Gleiches gilt aus anderen Gründen für die sogenannten Fürstenzimmer und die Schloßkapelle.

Durch den Hof hindurch am Brunnen vorbei sollte man links die Treppe hoch – vorbei an einem mit dem Fürstenhut geschmückten Allianzwappen des von 1633 bis 1674 regierenden Herzogs Eberhards III. von Württemberg und seiner zweiten Gemahlin, einer Gräfin von Öttingen – zur hintern Bastei und zum „Haspelturm" gehen, wo das Ludwig-Uhland-Institut für empirische Kulturwis-

Schloß von Norden mit seiner „Schauseite" ins Ammertal.

senschaft beheimatet ist. Der Haspelturm hat seinen Namen von einer Zugvorrichtung, der Haspel, mit der man Waren, Lasten, Vorräte, Gefangene aus der Tiefe des Turms hochziehen oder in diese hinablassen konnte. Auf der gesamten Bastei hat man nochmals hervorragende Blicke ins Neckar- und Ammertal, in den mächtigen Hasengraben und über diesen hinweg zur Schloßbergstraße mit verschiedenen, burgähnlichen studentischen Verbindungshäusern.

Man muß, um zum Marktplatz zurück zu kommen, nicht unbedingt nun wieder die Burgsteige hinab gehen. Wer mag, kann, von der hinteren Bastei in den Hof zurückgekehrt, auch den engen dunklen Gang gleich neben der Treppe nehmen (dem Hinweisschild „Zum Schänzle. Zur Wurmlinger Kapelle" nach) und den Westflügel duchqueren, dann an den Resten des vom Blitz getroffenen Pulverturms vorbei nach unten steigen. Durch ein kleines mittelalterliches Hintertor mit darüberhängendem Aborterker kommt man zum Hasengraben, der das Schloß dem Berg zu schützte. Hoch geht's danach zur Schloßbergstraße und von der über den Kapitänsweg zur Haaggasse und so zurück zum Marktplatz.

Der nach einem Metzger benannte Kapitänsweg, Verbindungsstück zwischen Schloß und Haaggasse.

Beim Abstieg über den vom Tübinger Verschönerungsverein um 1870 errichteten Kapitänsweg, hat man einen guten Blick auf die Rückseite der Häuser an der Haaggasse. Es sieht so aus, als gehe man an kleinen Katen vorbei, die *„freilich keine selbständige Häuschen, sondern nur die obersten Stockwerke von Gebäuden sind, die mit ihren schmalen hohen Fassaden zur Haaggasse hin stehen."* Seinen Namen verdankt der Weg einem Tübinger Original, dem Metzgermeister Gottlieb Kurz, der in dem kleinen Haus an der Ecke zu Haaggasse (Nr. 23) seine Metzgerei betrieb und den Übernamen „Kapitän" trug, weil er – der Überlieferung nach – 1885 bei einem *„mächtigen Hochwasser"* der Ammer *„vergnügt"* mit einem Waschzuber durch die untere Stadt *„gondelte"*.

Von der Haaggasse sind es nun nur noch wenige Schritte zum Marktplatz, dem Ausgangspunkt dieses Rundgangs.

Durch die untere Stadt

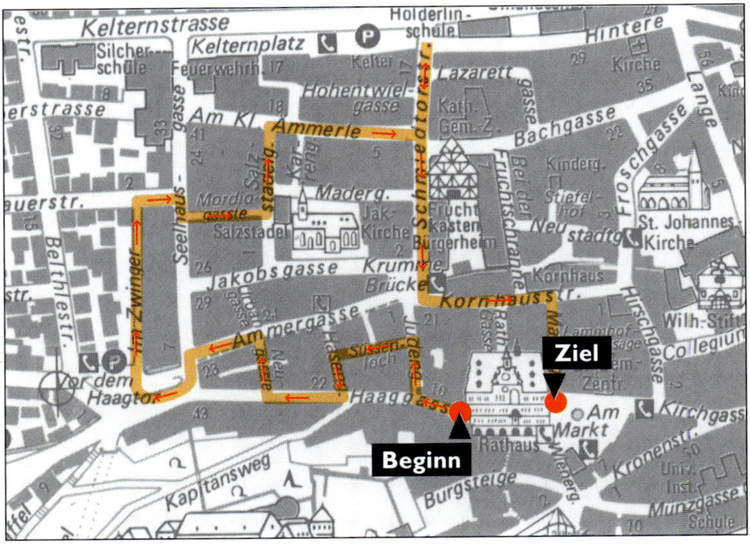

Die untere Stadt

Dieser Spaziergang führt in und durch die „untere Stadt" und damit in jenen Stadtteil, der nicht nur von der Stadttopographie her als der „untere" galt, sondern auch von seiner soziologischen Bedeutung her, seiner sozialen Gliederung und seinem gesellschaftlichem Rang nach. Im Gegensatz zur „oberen Stadt" der Professoren und der städtischen Ehrbarkeit, dem Sitz der Musen und der Universität war die untere Stadt ein landwirtschaftlich geprägtes Quartier, eher Dorf als Stadt. *„Der untere flache Teil der Stadt wird von Gärtnern und Feldleuten bewohnt und ist äußerst schlecht und bloß notdürftig bebaut und die Straßen sind von dem vielen Mist äußerst unsauber"*,

„Gogei", Tübingens „untere Stadt", romantisch verklärt, Gegenstand zahlreicher Gogenwitze.

notiert Goethe am 7. Sept. 1797. Ja, man sieht den Unterschied zur oberen Stadt heute noch. Die Häuser sind kleiner, schmal und niedrig, Gaststätten und Geschäfte findet man kaum. Dennoch gibt es einige Sehenswürdigkeiten.

Als typisch kann insbesondere der um die Jakobuskirche liegende Kern der unteren Stadt, die sogenannte Gogei oder das Raupenviertel gelten. Gogen oder Raupen wurden die hier wohnenden „Ureinwohner“ genannt, über die Karl Gerok, Stiftsrepetent von 1840 bis 1843, Dichter und Herausgeber der „Palmblätter“, schreibt, sie – *„Weingärtner, Hopfenzüchter, Feldbauern, Viehhalter“* – seien *„ein Geschlecht von der Natur unbeleckt, trotz der vielhundertjährigen Nachbarschaft der Musen.“*

Blick aus der Luft auf die „untere Stadt“, deren Mittelpunkt die Jakobuskirche bildet.

Warum diese Tübinger Gogen oder Raupen genannt wurden und mancheshmal noch werden, konnte Gerok allerdings ebenso wenig erklären wie das königlich statistisch-topographischen Bureau, das in seiner 1867 herausgegebenen Beschreibung des Oberamts Tübingen diesen bescheinigt: *„Bekanntlich ist der Tübinger Weingärtner ein ens sui generis und als solcher nicht wohl definirbar. Von ausnehmend hartem, zähem Stoffe leistet er in der Arbeit Außergewöhnliches und repräsentirt nahezu eine mittlere Pferdskraft, ermangelt dafür aber aller jener Gefühle, welche man unter dem Begriff Pietät zusammenfaßt . . . Stoff und Form seines Daseins wußte er gegen den Schliff der Zeit mit solchem Erfolg zu wahren, daß man oft glauben möchte, es sei zwischen seinem Wohnort, der untern Stadt, und dem Musensitz in der obern, nicht etwa eine chinesische Mauer, sondern ein breites Hochgebirge herübergepflanzt.“*

Anschaulich schildert Hermann Hesse das Stadtviertel, durch das ihn von 1895 bis 1899 sein täglicher Weg zur Arbeitsstätte von der Wohnung in der Herrenberger Straße 28 hin zur Buchhandlung Heckenhauer führte, so schreibt er am 24. Oktober 1895: *„Als ich heute in der Gägerei unvermutet in zolltiefen, schlammigen Kot geriet und erschreckt zurückprallte, rief mir ein alter Raupe zu: ‚No zua, Herr, no zua, ma muaß da Dreck ett schpara.' Diese Raupen (alias Gägen) sind ein horribles Geschlecht, schmutzig und vierschrötig, und gegenwärtig voll neuen Weins. Ihr Schwäbisch ist echt und faustdick und mahnt ans Slowakische. Mein Weg führt gerade durchs ärgste Räuberviertel, und ich betrachte, je nachdem, mit Lachen oder mit Mitleiden die versoffenen Männer und die schmutzigen frechen Kinder. Doch scheint es ein gesunder Schlag zu sein."*

Bei Hesse klingt an, was die Gogen bis heute im öffentlichen Bewußtsein am Leben erhält: ihre pointierte Schlagfertigkeit, ihre sprachschöpferische Treffsicherheit, trocken, grob, anrüchig, bodenständig, geprägt von drückender Armut und fast makabrer Pietätlosigkeit. Eine Sammlung der Gogenwitze und Anekdoten wurde 1916 erstmals gedruckt und erlebte seitdem zahlreiche immer wieder vermehrte Auflagen. Auch wenn einige der überlieferten Witze von anderswoher stammen, möglicherweise entlehnt sind und die Anekdotensammlung heute nostalgisch verklärt, mit dem Blick auf Touristen vermarktet wird, so spiegeln die Geschichten doch auch ein großes Stück der ehemaligen Realität wider. In ihnen setzt sich die untere Stadt zur Wehr gegen die akademische Welt, beweist, daß die Professoren und Studenten – oft „reigschmeckte" Nichtschwaben – auch nur Menschen sind.

Jakobsgasse (einst Nr. 25 – 29). Nicht Romantik, sondern ein harter Existenzkampf bestimmte das Leben in der agrarisch geprägten Unterstadt.

Drei Beispiele sollen genügen: „Kann ich von Ihnen Feuer haben, ja?" sprach ein noch nicht ganz ortskundiger Student einen rauchenden Gog an. Der: „Erscht, wenn i jo sag."

Ein Gog ist in der oberen Stadt als Straßenkehrer beschäftigt und fegt gemächlich einmal hin und her. Ein Straßenpassant meint: „Do sott mer halt bei jedem Zug e Mark ufhebe könne, gell!" – Darauf der Straßenkehrer: „No wär i net do, liaber Mo, noh tätet Herre d'Gasse selber feage."

Ein Gog leert die Abortgrube einer Professorenfamilie. Die Frau Professor schaut aus dem Küchenfenster zu, rümpft die Nase und ruft: „Aber das riecht ja ganz entsetzlich!" – Antwort: „Hao i des gschisse oder Sia?"

Der 1845 gegründete Weingärtner Liederkranz beim landwirtschaftlichen Gaufest von 1907, vorne links eine aus vielen Beeren zusammengesetzte Kalebstraube.

Daß sich die obere und die untere Stadt noch im 19. Jahrhundert gegeneinander abschotteten, sich ihrer jeweils eigenen Identität sehr bewußt waren und diese auch pflegten, läßt sich an der auch Tübingen im letzten Jahrhundert erfassenden Sangesbewegung anschaulich machen. Die Angehörigen der bürgerlichen Oberschicht sangen im 1828 gegründeten „Sängerkranz" oder in der vom Sängerkranz 1837 abgespaltenen „Harmonie". Trotz der Proklamation, daß des *„Gesanges Macht der Stände lächerlichen Schranken"* niederreißen sollte, erhoben sie zur Abschreckung der armen Weingärtner aus der Unterstadt ein „Eintrittsgeld" von einem Gulden. Was blieb anderes übrig, als die Gründung eines eigenen Gesangverein, der, mit dem Namen „Weingärtner Liederkranz" 1845 ins Leben gerufen, im übrigen heute noch besteht. Für Jahrzehnte war er der gesellschaftliche Mittelpunkt der unteren Stadt, mitunter wohlwollend gefördert aus der oberen Stadt. So ermöglichte die Spende von Ludwig Uhland 1846 die Anschaffung einer Vereinsfahne.

Beim Weingärtner Liederkranz wurde aber nicht nur gesungen. Seine Geschichte zeichnet sich vielmehr durch ein Engagement aus, das weit über den engen Sangesbereich hinausging. Er war zwar ein armer Verein, weshalb seine Mitglieder der Beleuchtungskosten wegen nicht wie sonst üblich am Abend sondern am Sonntagvormittag probten, doch baute er zur „Hebung" und „Veredlung" des Weingärtnerstandes – wie es der Vereinschronist 1857 nennt – eine eigene Bibliothek auf und bot den „jungen Burschen" die Möglichkeit zur Geselligkeit, so daß sie nicht mehr gezwungen seien, *„sich ungezügelt im Wirtshaus aufzuhalten und zu betrinken"*. Immer wieder veranstaltete der Liederkranz Benefizkonzerte zugunsten Überschwemmungs- und Hagelgeschädigter und beteiligte sich an auswärtigen Sängerfesten. Und wo andere Vereine mit der Eisenbahn reisten, nahmen die Weingärtner, um Kosten zu sparen, ihre von Pferden gezogenen Leiterwagen zu Hilfe. Mit Erstaunen registrierte die Tübinger Presse, daß *„sich auch in diesen gesellschaftlichen Kreisen ein Empfinden für den Fortschritt der Kultur zeigt"*. Zu den Besonderheiten gehörte auch, daß die Vereinsmitglieder ihre soziale Herkunft nicht leugneten, sondern sie im Gegenteil bei Umzügen, Festen und Veranstaltungen geradezu demonstrierten. Bei Festumzügen, an denen auch die Frauen teilnahmen, zeigte man sich in der Weingärtnersonntagskleidung und trug Weingärtnergerätschaften. Alten Gogen-Eigensinn demonstrierten die „Weingärtner" auch im 20. Jahrhundert. Als im Februar 1933 der Vorstand Johannes Kost, ein Sozialdemokrat, „wegen geschäftlicher Überlastung" sein Amt zur Verfügung stellte, forderten ihn die Mitglieder einstimmig zum Bleiben auf; als er dann im Mai dem „Druck der nationalen Bewegung" weichen mußte, ernannten ihn die Sänger im September zum Ehrenvorstand. Ein bemerkenswertes Verhalten, genauso wie jene unerklärliche Heiserkeit, die die meisten Mitglieder 1934 überfiel, als sie bei der Gestaltung einer „nationalen Weihestunde" mitwirken sollten.

Haaggasse

Der Ausgangspunkt zu diesem Spaziergang ist wieder der Marktplatz, von wo aus man sich zur Haaggasse wendet und dieser bergab folgt. Noch bleibt man eine gewisse Strecke in der oberen Stadt. Die ersten zwei Drittel der Straße sind geprägt von großen, hohen Häusern, die sich von Stock zu Stock weiter in die Straße hinauslehnen – bis ins 19. Jahrhundert war dieser Teil ein bevorzugter Wohnort von Professorenfamilien und städtischer Ehrbarkeit. Verfolgt man die Geschichte dieser Häuser, stößt man immer wieder auf berühmte Namen, auf Hochschullehrer als Eigentümer. Hier waren auch mehrere bekannte Gaststätten beheimatet: die Schnaitei oder Laubei (Nr. 3), die Krone (Nr. 7) und die Schottei (Nr. 15). Der untere Teil der Straße, auch äußerlich geschieden vom oberen, beherbergte Kleinhandwerker, Tagelöhner, Weingärtner. Eines der letzten Häuser direkt an der alten Stadtmauer bewohnte der Scharfrichter.

Vom Marktplatz kommend, geht es zunächst am Rathaus vorbei, dessen Südgiebel mit Grisaillen geschmückt ist. Dem gegenüberliegenden Haus (Haaggasse Nr. 1) sieht man trotz moderner Ladeneinbauten noch gut seine Neugestaltung in der Renaissancezeit an. Durch den „modernen" Rathausanbau von 1908/09 öffnet sich die Straße fast platzartig. Ein noch jüngerer Rathausanbau aus den Jahren 1979 bis 1983 kündigt sich durch eine Häuser verbindene Brücke, durch einen Steg über der Rathausgasse an, der im Volksmund „Beamtenlaufbahn" genannt wird.

Renaissance-Malereien im Rathausanbau (Ecke Haaggasse / Rathausgasse),einem Gebäudekonglomerat, das um 1500 im Besitz der Ratsfamilie Breuning war.

Doch im Gegensatz zum Anbau von 1908/09 wurde bei der jüngsten Erweiterung nicht total abgerissen und neu gebaut, sondern die alte Bausubstanz, wo es ging, bewahrt.

So wird man es nur über diesen Steg gewahr, daß das Eckhaus Rathausgasse/Haaggasse und das Haus Haaggasse Nr. 4 als Rathauserweiterung dienen. Von der mittelalterlichen Herkunft beider Häuser – Haaggasse 4 wurde um 1364 als zweigeschossiges Fachwerkhaus gebaut

Konrad Breuning (um 1440 – 1517), Widersacher Herzog Ulrichs, war maßgeblich an den Verhandlungen des „Tübinger Vertrags“ von 1514 beteiligt, Porträt an der Rathausfassade von 1876.

und um 1485 um eine Etage aufgestockt, Rathausgasse 1 wurde um 1415 dreigeschossig errichtet – sind nur noch Fragmente zu sehen. Der Einbau größerer Fenster, wie er in der Altstadt fast überall im 17. und 18. Jahrhundert vorgenommen wurde, hat die Außengestalt stark verändert. Die Nr. 4 zeigt im Dachgiebel noch das Fachwerk von 1485. Beide Häuser gehörten im 15. und 16. Jahrhundert der Familie Breuning, die zur politischen Führungsschicht in Württemberg zählte. Ihr Wappen ist am Haus Rathausgasse 1 neben dem Steg zu sehen. Konrad Breuning (um 1440 – 1517), Tübinger Untervogt und Mitglied des württembergischen Regimentsrats, dessen (Phantasie-)Porträt am Rathaus bewundert werden kann, war führend beteiligt an der Niederwerfung des Bauernaufstands „Armer Konrad“ und am Zustandekommen des sogenannten Tübinger Vertrags 1514, der erstmals im Festlandeuropa Grund- und Menschenrechte schriftlich fixierte. Was dann allerdings Herzog Ulrich, dem diese Rechte abgetrotzt worden waren, nicht daran hinderte, nachdem sich die politischen Verhältnisse zu seinen Gunsten wieder stabilisiert hatten, Breuning nach einem Schauprozeß enthaupten zu lassen.

Ein historisch besonders interessantes Haus ist die Nr. 15. Im 17. Jahrhundert war es im Besitz der Professoren-Familie Bardili. Hier wohnte Regina Bardili geb. Burckhardt (1599 – 1669), von der Ludwig Uhland, Friedrich Hölderlin, Ottilie Wildermuth, Friedrich Wilhelm Joseph Schelling, Karl Gerok, Eduard Mörike abstammen, weshalb sie den Ehrennamen „Schwäbische Geistesmutter“ bekam. Was bei ihrer Eheschließung 1625 mit Carl Bardili (1600 – 1647) natürlich noch niemand geahnt hat und ganz sicher niemand geglaubt hat, war diese doch mit einem unglaublichen Skandal verbunden.

Das Wappen der Familie Breuning an ihrem Haus Rathausgasse 1.

Carl Bardili war bis dahin ein unbescholtener, strebsamer junger Mann, der, hochbegabt, nach einem Theologiestudium als Stiftsrepetent am Anfang einer als gesichert geltender Karriere stand. Der ein Jahr älteren Regina dagegen, das jüngste von 23 Kindern des Rhetorik-Professors Georg Burkhardt, ging ein schlechter Ruf voraus, hatte sie doch im Dezember 1622 ein uneheliches Kind geboren, das von einem Studenten, Kostgänger des Hauses, stammte. Da damit zu rechnen war, daß man in Tübingen einer Eheschließung Schwierigkeiten bereiten würde, heiratete das Paar – Regina war im fünften Monat schwanger – heimlich in Pfäffingen, einem nur wenige Kilometer entfernten, aber nicht zu Württemberg gehörenden Dorf. Als dies in Tübingen ruchbar wurde – ein Stiftler, ein angehender Pfarrer heiratet, ohne die Kirchenobern zu fragen, im Ausland, so eine Frau, schwanger – war Carl Bardilis Karriere als Theologe zu Ende. Doch – Skandal hin, Skandal her – der hinausgeworfene Stiftsrepetent arbeitete sich in unglaublich kurzer Zeit zu einem berühmten Mediziner hoch, promovierte schon zwei Jahre nach der heimlichen Hochzeit, wurde Leibarzt des württembergischen Herzogs und erhielt 1635 einen der beiden Lehrstühle für Medizin in Tübingen, ja er bekleidete gar zweimal (1639 und 1643) das Amt des Rektors der Universität. Dieser Werdegang spricht auch für seine Frau, die später von ihren Zeitgenossen als eine „seltene und starke Persönlichkeit" gewürdigt wurde. Regina und Carl begründen eine ganze Professorendynastie: zwei Söhne werden Professoren in Tübingen, zwei Töchter heiraten Tübinger Professoren.

Carl Bardili (1600 – 1647), Professor der Medizin, Ehemann der „Schwäbischen Geistesmutter" Regina Bardili geb. Burkhardt.

Von den Bardilis kam das Haus 1708 an Professor Johann Heinrich Tafel, schließlich kaufte es 1797 Carl Elias Schott, setzte hinter das Wohnhaus in seinen Garten eine Bierbrauerei und baute das Haus um zum Gasthaus („Schottei"). Eine der großen Wohnungen im Haus vermietete er an Karl Friedrich Elsässer, den Großvater von Wilhelm Hauff. Zwar wurde dieser Dichter 1802 in Stuttgart geboren und ist dort 1827 gestorben, doch rund drei Viertel seines kurzen Lebens brachte er in Tübingen in der Haaggasse zu,

Wilhelm Hauff (1802 – 1827) und seine bekanntesten Werke.

wohin die Mutter 1809 nach dem Tod des Ehemanns zu ihrem Vater gezogen war. Im Dachgeschoß hatte der Dichter des Lichtenstein, des ersten historischen deutschen Romans mit einem „vaterländischen Stoff“, seine sommers immer glühend heiße Kammer. In der Bibliothek des Großvaters empfing Wilhelm Hauff die ersten Anregungen für seine späteren, ihn jung berühmt und bekannt machenden Märchen und Erzählungen vom „Kalif Storch“, dem „Kalten Herz“, von „Zwerg Nase“, dem „Mann im Mond“, den „Phantasien im Bremer Ratskeller“ oder dem „kleinen Muck“.

Das Haus Haaggasse Nr. 17 gehörte im 18. Jahrhundert Christoph Matthäus Pfaff, einem der bedeutendsten evangelischen Theologen jenes Jahrhunderts, zu seiner Zeit „unbestritten der am weitesten in Europa bekannte Tübinger Gelehrte“. Mit 28 Jahren war er 1714 an der Seite des Vaters Theologieprofessor in Tübingen geworden, 1720 übernahm er zudem das Universitätskanzleramt. Seinem Gelehrtenruhm wußte er allerdings auch nachzuhelfen, so veröffentlichte er nicht nur neu gefundene, echte Texte der Kirchenväter, sondern auch – wie ihm zu Beginn des 20. Jahrhunderts nachgewiesen weden konnte – selbst erfundene. Zwar war seine theologische Wirksamkeit, insbesondere seine publizistische Tätigkeit nicht unumstritten, zudem gekennzeichnet von Arroganz und Gelehrteneitelkeit, dennoch genoß

Christoph Matthäus Pfaff (1686 – 1760), Professor der Theologie und Kanzler der Universität.

er ein hohes Ansehen. Als er in Tübingen, 1756 der Päderastie angeklagt, als Kanzler und als Mensch untragbar geworden war, *„schätzte man sich in Gießen noch durchaus glücklich ihn dorthin berufen zu haben“*. In Gießen ist er als Profesor und Kanzler 1760 gestorben.

Judengasse

Bevor es zum unteren Teil der Haaggasse geht, sollte man einen kleinen Umweg über die Judengasse und das Hasengäßle machen.

Die Lage des alten Judenviertels, an das noch heute die Judengasse erinnert, am Hang oberhalb der Sumpfzone des Ammertals, an zwei Ausfallstraßen zum Haagtor und zum Schmiedtor, nahe dem Marktplatz, doch ohne unmittelbaren Zugang zu ihm, läßt auf eine Ansiedlung von Juden im 13. Jahrhundert schließen. Wahrscheinlich entstand das Viertel vor der Stadterweiterung von 1280. Erstmals 1335 urkundlich bezeugt, erlebten sie bei der Pest 1348/49 Verfolgungen. Damals wurde in Kenzingen bei Freiburg einem Juden unter Folter das Geständnis erpreßt, in Tübingen einen Christenknaben geschächtet zu haben.

Daß Juden ihrer guten Handelsbeziehungen und ihres Kapitals wegen ursprünglich durchaus willkommene Bürger waren, das klingt noch an, als 1355 die Pfalzgrafen von Tübingen in der Anrede eines Schreibens die Juden vor den Christen nennen. Auch bedeutete das Zusammenleben der Juden in einer Straße keine Gettosituation, sondern entsprach den normalen Gepflogenheiten der Zeit, schließlich wohnten im Mittelalter Leute gleichen Standes oder Berufes oft in gleichen Quartieren oder Straßen zusammen.

Am Haus Judengasse 1 kündet die Jahreszahl 1494 von einer Umbautätigkeit nach der Vertreibung der Juden im Zusammenhang mit der Universitätsgründung 1477.

Wieder im Zusammenhang mit Vertreibung und Verfolgung werden Juden als Bürger in den Jahren zwischen 1456 und 1459 genannt. 1471 werden fünf jüdische Familien zu Steuern herangezogen. Im Zusammenhang mit der Universitätsgründung 1477 wurden alle Juden der Stadt verwiesen, das Viertel wurde spätestens jetzt zwangsweise geräumt, verändert, neu überbaut. Am Haus Nr. 1 findet sich als Zeugnis dieser Neunutzung die Jahreszahl 1494. Aus der Zeit davor stammen wohl noch die Keller der Häuser, die sonst nirgendwo nachweisbare wannenartige Brunnen aufweisen, deren Funktion umstritten ist (Judenbäder?). In den nördlichen zur Ammergasse hin liegenden Häusern lassen sich für die folgenden Jahrhunderte vor allem Handwerker als Eigentümer nachweisen, in den südlichen werden immer wieder auch Ratsverwandte, also zur städtischen Oberschicht zählende Familien genannt. So war das Haus Nr. 1 vom frühen 16. Jahrhundert bis 1712 im Besitz der Bürgermeisterfamilie Motzer. Von besonderer Bedeutung war das Haus Nr. 4, das im 16. und 17. Jahrhundert im Eigentum von Schulmeistern war. Möglicherweise diente es damals als deutsche Knabenschule, bis diese gegen Ende des 17. Jahrhunderts im Kornhaus untergebracht wurde.

„Süßes Löchle", Teil des mittelalterlichen Judenviertels, um 1900.

An die einstigen jüdischen Bewohner erinnert neben dem Straßennamen, den die Nazis 1943 vorübergehend in Schotteigasse änderten, auch die für den westlichen (linken) Teil noch heute gebräuchliche Bezeichnung „Süßes Löchle", Reminiszenz an einen einst hier wohnenden „Jud Süß".

Erst ab 1850 kam es in Tübingen wieder zum Zuzug von Juden, die sich nun aber bevorzugt in den damaligen Neubaugebieten niederließen. 1882 erfolgte die Gründung einer jüdischen Gemeinde und der Bau einer Synagoge in der Gartenstraße. 1932 zählte die jüdische Gemeinde 127 Personen. Tätliche Übergriffe,

Verfolgung und gesetzliche Diskriminierung zwangen mit dem Beginn des NS-Regimes 1933 viele in die Emigration und zum Verkauf ihrer Geschäfte, Häuser und Betriebe meist weit unter Wert. 1937 zählte die jüdische Gemeinde nur noch 25 Mitglieder. Die letzten vierzehn verbliebenen Juden wurden 1941 und 1942 deportiert, nur einer überlebte die Vernichtungslager.

Haaggasse

Durch einen schmalen, gerade menschenbreiten Weg (links blickt man auf einen seltenen Treppenturm, der im Sockel die Jahreszahl 1781 aufweist) kommt man vom Süßen Löchle in die Hasengasse, die möglicherweise die Grenze einer ersten Stadtanlage markiert. Links geht man hoch zur Haaggasse, die man bei Nr. 20 erreicht, dessen seltsam abgeknickte Front deutlich macht, daß hier zwei Häuser zusammengebaut worden sind. Zwei hübsche Okuli, kleine runde Fenster, neben der Eingangstür geben dem stattlichen Gebäude einen freundlichen Akzent. Von 1770 bis zu seinem Tod wohnte hier Jakob Heinrich Dann, einer jener sechs Tübinger Männer, die an der Rathausfassade einen Ehrenplatz erhalten haben. Dann (1720 – 1790), Hofgerichtsassessor und Bürgermeister in Tübingen, war einer der profiliertesten und engagiertesten Köpfe im von 1750 bis 1770 dauernden Streit um die landständischen Rechte, die der absolutistisch regierende Herzog Karl Eugen einschränken wollte. Couragiert und unbestechlich trat er 1764 als Mitglied des engeren Ausschusses der Landschaft den verfassungswidrigen Steuerplänen Herzog Karl Eugens entgegen und verkämpfte sich als Tübingens Vertreter im Landtag für den 1770 abgeschlossenen „Erbvergleich“, der die im Tübinger Vertrag von 1514 fixierten Grundrechte bestätigte.

Bürgermeister Jakob Heinrich Dann (1720 – 1790) verteidigte die althergebrachten Rechte des Landes gegen den württembergischen Herzog, Porträt an der Rathausfassade von 1876.

Im Jahr 1791 wurde das Haus an einen Zimmermann verkauft und danach eigentumsmäßig immer mehr aufgeteilt. Zeitweilig teilten sich im 19. Jahrhundert sieben Familien das Haus, wohn- und eigentumsmäßig. Dieser Wechsel der Häuser aus Akademiker- in Handwerkerhand und deren Aufteilung auf mehrere Parteien ist gegen Ende des 18. und zu Beginn des 19. Jahrhunderts bei fast allen Häusern in der oberen Haaggasse zu beobachten.

Das gegenüberliegende große Gebäude Nr. 19 war das Geburtshaus der schon erwähnten Regina Bardili geb. Burkhardt, gehörte ihrem Vater. Es kam später an Reginas Bruder Andreas Burkhardt, von 1641 bis 1651 württembergischer Kanzler, der es 1651 zum Sitz eines „Stipendium Burkhardianum“, einer Studienstiftung für Abkömmlinge der Familie bestimmte. Der eigenwillige Erker ist eine späte Zutat von 1788.

Geht man die Haaggasse nun weiter stadtauswärts, springen die Unterschiede dieses Teils der Haaggasse im Vergleich zum oberen geradezu ins Auge. Die Straße ist breiter, die Häuser stehen in Reih und Glied, ihre Front ist wie mit einem Lineal gezogen, man spürt eine neuzeitliche planerische Hand. Tatsächlich ist diese Gleichförmigkeit auf einen verheerenden Stadtbrand im Jahr 1771 zurückzuführen. Innerhalb von nur fünf Stunden brannten im Viertel zwischen Haag- und Ammergasse insgesamt 17 Gebäude ab, zwei Menschen kamen in den Flammen ums Leben, 170 Menschen wurden obdachlos, 40 Haushaltungen vernichtet. Die völlig desorganisierten und nur notdürftig ausgerüstete Tübinger Löschmannschaften hatten gegen das Feuer, das zudem Nahrung durch das in den angebauten Scheuern lagernde Heu und Getreide bekam, keinerlei Chancen. Zum Glück für die Stadt drehte sich der zunächst stadteinwärts blasende Wind und trieb die Flammen wieder zurück in Richtung Haagtor, über die bereits zerstörten Häuser hinweg. Dadurch konnte zwar aus den brennenden Häusern nichts und zwar überhaupt nichts mehr gerettet werden, doch die zu Hilfe

Die untere Haaggasse, noch vor hundert Jahren verwinkelt, eng, baufällig, arm.

geeilten Feuerwehren aus Reutlingen und Rottenburg brachten das nun keine neue Nahrung mehr findende Feuer unter Kontrolle, so daß schließlich schlimmerer Schaden verhütet werden konnte.

Betroffen waren lauter arme Leute, Taglöhner, kleine Handwerker, die sich mit ihrer nebenbei betriebenen Kleinlandwirtschaft gerade so am Leben halten konnten. Keine Familie war aus eigener Kraft zum Wiederaufbau fähig. Die Notlage war so offensichtlich, daß Herzog Karl Eugen erlaubte, in ganz Württemberg eine Kollekte zu Gunsten der Opfer auszuschreiben. Ein damit ermöglichter Wiederaufbau geschah, wie man am Straßenverlauf eben gut sehen kann, nach einem „modernen" Plan, der das Quartier neu und in „klassizistischer" Ordnung parzellierte.

Dieser Brand und seine Folgen führte 1773 übrigens per Staatsgesetz zur Umwandlung der bis dahin freiwilligen Gebäudebrandversicherung in eine Zwangsversicherung für ganz Württemberg.

Ammergasse

Wir folgen dem durch und nach dem Brand entstandenen Neugäßle zur Ammergasse.

Der diese Straße begleitende und ihr den Namen gebende Ammerkanal, der etwa 4 km vor der Stadt vom Ammerfluß abgeleitet wird, ist wohl im Zusammenhang mit der Entwicklung des Dorfes zur Stadt angelegt worden. Er war früher ein Lebensnerv Tübingens. Dendrochronologische Untersuchungen belegen, daß er 1175 bereits existiert hat. Er diente der Schmutzbeseitigung, dem Feuerlöschwesen, vielen Handwerkern als Brauchwasserlieferant, zudem fand seine Wasserkraft eine vielfältige Anwendung. Schon außerhalb der Stadtmauern war er nützlich und versorgte – wie man der Nicolaischen Reisebeschreibung von 1781 entnehmen kann, bevor er beim Haagtor an der Stadt ankam, *„eine Schleifmühle, eine Tabaksmühle, einen Kupferhammer, eine Pulvermühle, eine Lohmühle, eine Sägemühle, eine Graupenmühle (hier Gerstenmühle genannt), zwei Mahlmühlen und eine Walkmühle"*. Und bei seinem 570 m langem Weg durch die Stadt trieb er im 18. Jahrhundert trotz eines geringen Gefälles mindestens neun Wasserräder an, für Zwirn- und Tabakmühlen, einen Messerschmied und einen Dreher.

Das 1831 abgebrochene Haagtor, davor (links über dem Ammerkanal) die große Schweickhardtsche Mühle vor der Stadtmauer.

In der Ammergasse nutzten ihn vor allem die Rot- und Weißgerber, weshalb diese Straße bis ins frühe 19. Jahrhundert Gerbergasse hieß.

Nachdem das letzte „der romantischen Wasserräder" 1901 aufgegeben worden war, wurde der Ammerkanal zugedeckt und eingedolt. Sein alter Zustand wurde im Rahmen der Altstadtsanierung in den späten 70er und frühen 80er Jahren wiederhergestellt, so daß nun auch wieder die charakteristischen kleinen Brückchen zu sehen sind, die den Gerbern als Arbeitsplattformen dienten. Auf den Brücken, die sie meist mit kleinen gegen Wind und Wetter schützenden Dächern versehen hatten, säuberten sie die rohen Häute und überantworteten dem Wasser abgeschabte Fett- und Fleischreste, sowie die abgebrühten Haare oder Borsten. Anschließend hängten sie die Häute zur Spülung ins Wasser, bevor sie zur Weiterverarbeitung in die mit Ammerwasser gefüllten Lohgruben kamen. Das Ganze war – wie viele Klagen und Prozesse belegen – mit einer starken Verschmutzung des Wassers und durch die „unleidenlichen Lederbeizen" mit viel Geruchsbelästigung verbunden.

Ammergasse 32, einst eher die Ausnahme in der unteren Stadt: ein stattliches Haus, geschmückt mit einer Sonnenuhr.

Im Haus Ammergasse 12, einst eine Gaststätte zum „Schwarzen Walfisch", die heute „Rebstock" heißt, spielt eine der frühesten Erzählungen Hermann Hesses „Die Novembernacht. Eine Tübinger Erinnerung", geschrieben 1899.

Am Ende der Gasse, wo rechts mit Nr. 32 noch ein schönes ehemaliges Ackerbürgerhaus bewundert werden kann, kommt man zum Haagtorplatz, dessen einstiges Tor bis zu seinem Abbruch 1832 auch als Kriminalgefängnis diente. Ein Stück der Stadtmauer, die hier vom Schloß herab auf das Tor traf, ist noch zu sehen. Der Umriß des Tors kann an der unterschiedlichen Bepflasterung am Anfang des Platzes abgelesen werden. Der weitere Mauerverlauf ist neuerdings als Abgrenzung des Parkplatzes wieder brusthoch aufgemauert.

Eine zeitgenössische lithographische Darstellung des „Sturms" auf die Schweickhardtsche Mühle am Abend des 4. März 1847 und die Vertreibung der Plünderer durch die Studenten: der „Tübinger Brotkrawall".

Bis 1963 dominierte den Platz ein aus mehreren Gebäuden bestehender Komplex, die sogenannte Schweickhardtsche Mühle, die größte und wichtigste Mühle der Stadt. Sie war 1847 Schauplatz des sogenannten Tübinger Brotkrawalls. Im Jahr zuvor war es in Württemberg zu einer schweren Mißernte gekommen, was im Frühjahr 1847 zu überhöhten Preisen für Grundnahrungsmittel führte. In Tübingen richtete sich der Zorn der unteren Stadt – die Tübinger Handwerker und Weingärtner waren am stärksten betroffen – gegen das Mühlen- und Getreidehandelsgeschäft der Brüder Schweickhardt, denen man, zu Unrecht, vorwarf, sie würden Getreide horten, künstlich verknappen und so die Preise noch höher treiben. Am 4. Mai kam es dann dort zu einer Zusammenrottung von Bewohnern der unteren Stadt, die mit Pickel und Hacken bewaffnet waren. Doch schon am Tag zuvor hatten sich der Universitätsrektor und der Stadtdirektor, Ausschreitungen befürchtend, *„mit einflußreichen Studenten aus den verschiedensten Gesellschaften“*, Verbindungen, getroffen und diese aufgefordert, sich *„zur Erhaltung der Ruhe und Ordnung in aller Stille“* zu bewaffnen. Tatsächlich griffen dann, als der vor der Mühle versammelte Volkshaufen in diese plündernd einfiel, etwa 150 bewaffnete Studenten in das Geschehen ein, vertrieben die Angreifer und besetzten die Mühle samt dem umliegenden Gelände. Eine studentische „Sicherheitswache“ sorgte für weitere Ruhe.

„Gaisturm“, Rest der mittelalterlichen Stadtbefestigung am Zwinger.

Einem ondit zu Folge haben die Unterstädter sich aus dieser Erfahrung ein Jahr später, als die Gerüchte von einem Franzoseneinfall die Stadt in hektische Aktionen verfallen ließen, entschlossen, nicht an der Verteidigung mitzuwirken, sondern ihre Weinvorräte auszutrinken, damit diese nicht in Feindeshand fallen.

Die den Haagtorplatz rechts flankierende Häuserzeile hinter dem offenen Ammerkanal sitzt teilweise noch auf der alten Stadtmauer auf oder lehnt sich an diese an. Am Kanal entlang und diesen dann nach rechts überquerend, gelangt man beim ehemaligen „Gaisturm“ in den „Zwinger“, der noch gut die alte Mauersituation – deren Aufbau und Technik, Mächtigkeit und Breite – verdeutlicht. Ihm entlang kann man an Lücken den Aufbau der etwa zwei Meter dicken Mauer gut erkennen.

Seelhausgasse

Am Ende des Zwingers stößt man auf die Mauerstraße, der man nach rechts folgt. Nach wenigen Schritten kommt man zur Seelhausgasse, die nach dem Haus Nr. 25, dem ehemaligen „Seelhaus“ benannt ist, einer ins Mittelalter zurückgehenden sozialen Einrichtung, die seit 1539 dem Spital unterstellt war und ursprünglich zur Aufnahme fremder Pilger und

Bettler diente, später aber vor allem mit einheimischen Armen belegt wurde.

Mordiogäßle

Im Hinterhof der Seelhausgasse Nr. 19 wurde, angelehnt an die Stadtmauer und unter Ausnutzung des Ammerkanals, von 1610 bis ins 19. Jahrhundert eine Brauerei mit Ausschank und Biergarten betrieben, eine der wenigen Tübinger Schildwirtschaften in der Unterstadt. Noch heute nennt man das dortige Gebäudeensemble den „Bierhof". Ihm verdankt wiederum das benachbarte Mordiogäßle seinen Namen. Wie „Zeter und Mordio" sei es den Anwohnern vorgekommen, wenn zu später Stunde Horden angeheiterter Zecher die Bierschwemme verlassen haben und stadteinwärts gezogen sind. Daß dies keine bei den Haaren herbeigezogene Erklärung des Namens ist, belegt ein Rescript Herzog Christophs vom 14. Juli 1565, in dem er schreibt, daß er bei seinem Aufenthalt auf dem Schloß nicht hätte schlafen können, da durch Studenten *„die ganze Nacht ein Mordgeschrei, Toben und Wüthen uff der Gassen, vast durch die ganze Stadt gewesen."* Ursprünglich hieß das Gäßle „Im Briel", unter diesem Namen steht es noch im Katasterplan von 1819. Dann allerdings hat sich der Volksmund auch amtlich durchgesetzt: „Als Bezeichnung der Wirkung des Biers". Fast dörflich muten die kleinen typische Unterstadt-Häuschen an, die das Mordiogäßle bilden. Bescheiden ging es hier früher zu. Im Haus Nr. 7 (heute: Neubau aus der Jahrhundertwende) bewohnte 1782 der Weingärtner Michael Aichele mit seiner Frau und fünf Töchtern eine Stub und zwei Kammern. Zum Anwesen gehörte noch ein kleiner Stall und ein Gärtlein. Ja manches dieser kleinen Häuschen teilten sich im 18. Jahrhundert gar zwei oder drei Familien. Die einstige Armut in der unteren Stadt wird auch beim Quellenstudium zur Baugeschichte dieser Häuser

Die Seelhausgasse (einst Nr. 7 – 15) vermittelt noch heute einen guten Blick in die Lebensumstände der Bewohner in der unteren Stadt.

deutlich. Immer wieder wird von baufälligem Zustand berichtet. 1698 beschwerte sich beispielsweise ein Hauseigentümer, daß ihm das windschiefe Dach seines Nachbarn die Scheuer eindrückt und 1786 trug der Magistrat dem Besitzer von Nr. 6 auf, sein „nimmer flickbares Häuslein" von Grund auf neu zu errichten, was diesem unmöglich erschien.

Weingärtnerdenkmal beim Salzstadel, Werk des Tübinger Bildhauers Ugge Bärtle (1907 – 1990).

Das Mordiogäßle führt zur Salzstadelgasse, in der rechts ein Denkmal für den typischen Unterstadtbewohner steht, das der Tübinger Bildhauer Ugge Bärtle 1961 geschaffen hat. Der „Wengerter" blickt hinüber zum alten städtischen Salzstadel, an dem vorbei man zum Platz bei der Jakobuskirche gelangt.

Jakobuskirche

Man muß die Jakobuskirche, ein Symbol der unteren Stadt nur mit der Stiftskirche, ihrer Schwester in der oberen Stadt, vergleichen, so weiß man: Die untere Stadt war von jeher arm, bescheiden, schlicht, einfach. Dabei steht sie im Alter der Stiftskirche kaum nach, wovon noch die zu einem großen Teil erhaltene romanische Architektur sowie einige auf die Zeit um 1200 zu datiertende Bauelemente zeugen. Doch blieb diese ursprünglich vor den Toren der Stadt „im Brühl" errichtete Kirche – das Gebiet wurde erst nach der großen Zerstörung von 1280 in den neuen, erweiterten Mauerring einbezogen – bis ins 20. Jahrhundert immer zweitrangig, kirchenrechtlich zunächst eine Kapelle, dann eine mit

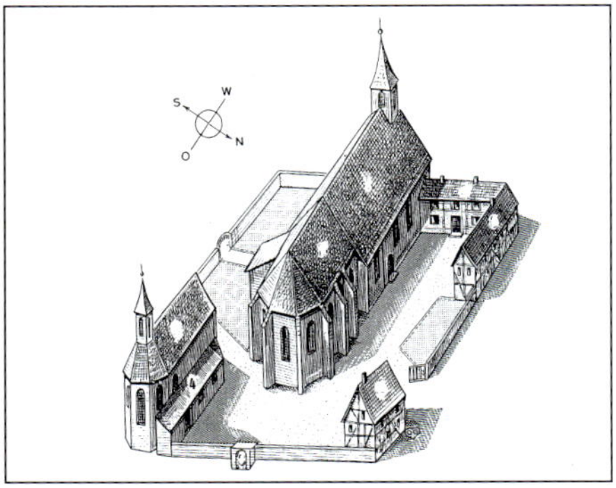

Plan des ummauerten Platzes bei der Jakobuskirche mit der 1839 abgerissenen Konradskapelle, die von 1592 bis 1835 der medizinischen Fakultät als Anatomie diente.

minderen Pfarrechten ausgestattete Filial- und Nebenkirche, die 1850 noch keine Taufrechte besaß und folglich auch über keinen Taufstein verfügte. Erst 1995 konnte die immer selbständiger werdende Jakobus-Kirchengemeinde im benachbarten „Salzstadel" ein eigenes Gemeindehaus beziehen.

Die gebrochene Türschwelle des romanischen Kirchenbaus liegt heute 2,30 m unter dem um 1500 aufgeschütteten Boden.

Wer die Kirche umrundet, wird in der westlichen Hälfte romanische, in der östlichen gotische Bauformen erkennen, die einen Teil der Geschichte dieser Kirche wiedergeben: Gegründet wurde die „Capelle sancti Jacobi" wohl im Zusammenhang mit dem das ganze Abendland erfassenden Aufblühen der Pilgerschaft zum Grab des hl. Jakobus nach Santiago de Compostella in Spanien. Tübingen dürfte eine Pilgerstation gewesen sein, zumindest läßt sich im Spätmittelalter eine Jakobusbruderschaft in der Stadt nachweisen.

Gegen 1500 riß man den romanischen Chor ab, erweiterte das romanische Kirchenschiff nach Osten (die Baunaht ist an den westlichen Gewänden der Seitenportale sichtbar) und errichtete einen neuen gotischen Chor, über dessen Baubeginn außen unter dem Fenster der Chorachse zu lesen ist: „ano dmi 1500 in dem 10 tag des brach mond (10. Juni) ist gelegt der erst stain an dissen kor".

Zwar war die alte romanische Kapelle auf einem engen und stabilen Rost aus Holzpfählen, die man in das feuchte Schwemmland der Ammer getrieben hatte, errichtet worden, dennoch scheint man Probleme mit dem Grundwasser gehabt zu haben. Deshalb, wohl auch im Zusammenhang mit der Nutzung des Geländes um die Kirche als Friedhof, schüttete man nun beim gotischen Um- und Erweiterungsbau das alte Kirchenschiff und das umliegende Gelände um 2,30 m mit Erdreich auf, weshalb auch eine Erhöhung des alten Kirchenbaus notwendig wurde. Auch diese Veränderung am alten romanischen Bau ist gut erkennbar und zwar am Wechsel der Quadertechnik etwa 50 cm über dem Scheitel der romanischen Rundbogenfenster, wo sich der alte Dachtrauf befand.

Eine ganze Reihe von romanischen Spolien kann man an und in der Kirche entdecken: So ein romanisches Krukenkreuz und einen Teil eines Rundbogenfrieses in der Ostwand des Chores außen, ein romanischer Kämpferstein mit Schachornament, eine kleine flache Relieffigur, und mehrere rundbogige Nischen vor der Empore, an der Chorbogenwand und im Chor innen. Wohl noch an ihrer ursprünglichen Stelle sind drei Tierreliefs an den Schiffswänden außen, ein Bock auf der Nordseite und ein Hahn (in Anspielung auf eine der bekanntesten Wundergeschichte der Jakobus-Pilgerschaft in San Domingo de la Calzada?) sowie ein Fisch in der Südseite.

Fabeltiere an der Außenfassade der Jakobuskirche aus romanischer Zeit.

Rätselhaft sind im Innern drei romanische Ornamentsteine in der Nische des zugemauerten Nordportals, die konzentrische Kreise aufweisen und miteinander verbunden wohl eine Symbolfigur vorstellen. Am obersten Stein werden die drei Kreise von Armen gerahmt, die in der alten Gebetsgebärde einer Orantenfigur erhoben sind. Was diese Steine darstellen, ob sie möglicherweise älter sind als die Kirche, gar in vorchristliche Zeit reichen, ist ungeklärt. Eine Paralleldarstellung ist in der abendländischen Kunst unbekannt.

Steine mit rätselhaften Kreisen (ein Betender?) im Kirchenschiff.

Der lange gotische Chor ist im Innern von hohen Maßwerkfenstern mit kreisenden, fallenden und steigenden Fischblasen und einem reichen Netzgewölbe geprägt, das sechs Schlußsteine aufweist: die Madonna mit Fürstenmantel und Krone, den Kirchenpatron Jakobus mit Pilgerhut, Pilgerstab und Pilgermantel, Papst Urban als Patron der Weingärtner in der unteren Stadt besonders verehrt, den hl. Rochus – Schutzheiliger gegen die Pest – in der Tracht eines Pilgers mit einem Hund als Attribut, einen Engel mit dem Wappen des Herzogtums Württemberg und einen Engel mit dem Wappen der Stadt Tübingen.

Grabmal des Tübinger Handelsmannes Ludwig Spengler und seiner Ehefrau in der Jakobuskirche, erste Hälfte des 16. Jahrhunderts.

Bemerkenswert sind im Innern zudem einige schöne Grabsteine, darunter besonders beeindruckend der Grabstein des im frühen 16. Jahrhundert verstorbenen Ludwig Spengler, Handelsmann, Bürger und Richter zu Tübingen, und seiner Ehefrau, sowie einige an der Südwand des Langhauses angebrachte Schlußsteine aus abgebrochenen Tübinger Kapellen, auf denen zu erkennen sind die hl. Katharina, Maria als Himmelskönigin im Strahlenkranz mit Christus, die hl. Margarete, Johannes der Evangelist, die hl. Barbara, der hl. Jakobus, ein das Spitalwappen tragender Engel und das Schweißtuch der Veronika mit dem Antlitz Christi.

Nur wenige Schritte südöstlich der Jakobuskirche stand bis zu ihrem Abbruch 1839 eine dem hl. Konrad geweihte Kapelle, die, 1520 anläßlich ihrer Konsekration erstmals erwähnt, zunächst als Friedhofskapelle diente. 1592, der Friedhof war vor die Stadtmauern verlegt, wurde sie der Medizinischen Fakultät an der Universität übergeben, die sie nun bis 1835, bis zum Bau der Anatomie vor den Stadttoren, als „Theatrum anatomicum“, als humanbiologische Lehranstalt nutzte. Als eine der ersten Universitäten Deutschlands hatte sich die Tübinger Hochschule von Papst Sixtus IV. 1482 das Recht verbriefen lassen, wenigstens alle drei Jahre einen menschlichen Körper zergliedern zu dürfen, um so praxisbezogene anatomische Kenntnisse

Das 1831 abgebrochene Schmiedtor mit der an die Stadtmauer angelehnten Kelter, davor (diesseits der Ammer) ein heute noch stehendes Gartenhaus.

zu vermitteln. Wenig respektvoll nannte der Tübinger Volksmund diese anatomische Lehranstalt „lateinische Metzig“ und dichtete „die allergrößte Zahl/Cadavers liefert das Spital“.

Schmiedtorstraße

Von der Jakobuskirche geht man am besten durch das Karrengäßle zur Straße „Am Kleinen Ämmerle“, wo einst ein Abzweig des Ammerkanals floß. Die Häuser dieser Straße lassen noch etwas von der einstigen Armut und Lebenssituation in der unteren Stadt ahnen. Von hier kommt man zur Schmiedtorstraße, an deren Ende (links) einst das namengebende Stadttor stand. Erhalten blieb dort die alte, in der ersten Hälfte des 16. Jahrhunderts erbaute Schmiedtorkelter (ursprünglich herrschaftliches Kornhaus), die, ab 1858 Kelter der Tübinger Weingärtnergenossenschaft, heute als Markthalle dient.

Inschriftensteine des 17. Jahrhunderts an der alten Kelter, die Witterungsereignisse und Personen nennen, die für den Tübinger Weinbau wichtig waren.

Optisch beherrscht wird die Straße vom „Herzoglichen Fruchtkasten“, (Haus Nr. 4) der, aus zwei hohen Hauptgeschossen und einem viergeschossigen Dachstuhl bestehend, zu den ältesten und imposantesten Tübinger Fachwerkbauten zählt (einen guten Blick erhält man auch von der Bachgasse). Das aus mächtigen Eichenbalken zusammengefügte Haus ist 1491 erstmals erwähnt und dürfte seiner alemannischen Fachwerkbauweise nach – die Ständer und die mit ihnen verblatteten Streben im Erdgeschoß bilden eine Art „Wilden Mann“ – kurz vorher errichtet worden sein. Der Giebel zur Kornhausstraße wurde später in sogenanntem fränkischem Fachwerk erneuert, das Krüppelwalmdach im 18. Jahrhundert angelegt. Das Haus diente der staatlichen Vorratswirtschaft, der Fruchtlagerung und als herzogliche Kelter. 1841 kaufte es die Stadt und verwendete es als Magazin, Bauhof und Hopfendarre. 1906 wurde es für Schulzwecke umgebaut und nahm zunächst die erste Tübinger Schule für Handel und Gewerbe auf, später – 1954 bis 1998 – dann die nach Albert Schweitzer benannte Realschule.

Spital

Das langgestreckte rechte Nachbargebäude, „das Bürgerheim", gehört mit dem dahinterliegenden um einen großen Innenhof gescharten Areal zu einer der größten zusammenhängenden Gebäudegruppen innerhalb der Altstadt. Es handelt sich dabei um das ehemalige Spital, eine der bedeutendsten Einrichtungen der Stadt, die bis ins 20. Jahrhundert wichtigste soziale Anstalt überhaupt. Von den Pfalzgrafen von Tübingen wohl um 1260/70 auf eigenem Boden gegründet, ist das Tübinger Spital das älteste in Württemberg.

Wappen des Tübinger Spitals am Gebäude „Bei der Fruchtschranne" 5, in Anspielung auf seine sozialfürsorgende Funktion: eine Hand mit Brot.

Durch „Bettelprivilegien", Schenkungen, Stiftungen, die Aufnahme von reichen Pfründnern und Zukäufe erwarb das Spital vor allem im 15. und 16. Jahrhundert ein stattliches Vermögen. 1431 wird der Kauf einer Mühle beurkundet, 1441 kam es in den Besitz der Kirchen in Weilheim und Derendingen samt den dazugehörigen Bauernhöfen und Zehnten, in mehreren Etappen gelang dies in Kusterdingen zwischen 1455 und 1460. Zwischen 1489 und 1498 erwarb das Spital Zehntrechte und Gülten in Tailfingen bei Herrenberg. In der Reformationszeit übernahm es die Zinsen und Gülten des aufgelösten Tübinger Augustinerklosters. Einen Besitzzuwachs brachte der Kauf des Schwärzlocher Hofs 1544, es folgten der Erwerb von Gütern im Wennfeld und von zwei großen Höfen in Weilheim. Ein Ende dieser Erwerbspolitk brachte der Dreißigjährige Krieg und der Funktionswandel des Spitals vom Pfründnerheim zur Armen- und Arbeitsanstalt.

Die ursprünglichen Aufgaben des Spitals werden in einer Urkunde von 1291 als die sechs Werke der Barmherzigkeit beschrieben, demnach sollen hier *„Arme aufgenommen werden, Hungernde und Dürstende Speis und Trank erhalten, Reisende Unterkunft finden,*

Spitalwappen als Schlußstein in der Kirche zu Weilheim, die samt Pfarrhaus und Zehntscheuer von 1441 bis 1811/1865 dem Tübinger Spital gehörte.

Kranke besucht werden, arme Frauen bei der Geburt Fürsorge erfahren und Findelkinder aufgezogen werden". Doch die Wirklichkeit sah bald anders aus. Hand in Hand mit der Übernahme des zunächst bruderschaftlich organisierten Spitals durch die Stadtverwaltung – ab dem 14. Jahrhundert wird das Spital von Pflegern verwaltet, die vom Stadtgericht gewählt wurden und in der Regel selbst Richter, später zumeist Bürgermeister waren – ändern sich die Aufgaben. Das Spital wird immer stärker „kommunalisiert", so dient es nun als attraktive Versorgungsanstalt für wohlhabende Stadtbürger, die sich fürs Alter als „Pfründner" einkaufen. Nach der Reformation wird es schließlich immer mehr Träger der offenen und geschlossenen städtischen Armenfürsorge, reicht mittwochs und samstags den Stadtarmen das „Almosenbrot" und nimmt Obdachlose, vor allem aber verarmte Kinder und Waisen auf. Bis zur Zeit des Dreißigjährigen Kriegs halten sich die eingekauften Pfründner und die „würdigen" Armen etwa die Waage. Nach der Kriegskatastrophe, die auch die Einnahmen des Spitals schwächte, entwickelte sich dieses zum Armenhaus. Gegen Ende des 17. Jahrhundertes waren die Hälfte aller Insassen Kinder, die Versorgung wurde zunehmend schlechter, Pfründner kauften sich kaum noch ein.

Ein verheerender Brand, dem 1742 das gesamte Spitalareal mit Ausnahme des an der Schmiedtorstraße stehenden Wohngebäudes zum Opfer fiel, schmälerte die Wirtschaftskraft zusätzlich. Auf vielerlei Wegen versuchte man die wirtschaftliche Not zu mildern, den Insassen zu helfen. So wurde in den Wirtschaftsgebäuden eine Spinnanstalt eingerichtet, in der Armenfürsorgeempfänger und ein Großteil der Spitalinsassen, vor allem die Kinder, das Wollspinnen erlernen mußten.

Im 19. Jahrhundert wurden im Spital durchschnittlich 40 bis 50 Personen unterhalten, dazu kamen 70 bis 80 „Stadtarme", doch war das Spital, das zudem an der Tübinger Markungsgrenze Lustnau zu seit altersher das „Gutleuthaus", ein Leprosenhaus für

Kranke, unterhielt, nicht mehr in der Lage, das Problem der Armenfürsorge allein zu lösen. Immer mehr war man auf „Privatwohlthätigkeit" und „die städtische Kasse" angewiesen. So gründeten städtische Bürger mit Hilfe der Stiftungspflege 1817 eine „Beschäftigungsanstalt für arme Kinder", die 1818 im Gelände des Spitals, in einem umgebauten Holzstall am Ammerkanal unterkam. *„Dort fanden 90 – 100 arme Kinder beiderlei Geschlechts im Alter von 6 – 17 Jahren, angemessen belohnte Beschäftigung und Kost; die angeseheneren Frauen der Stadt beaufsichtigten das Ganze."* Im Jahr 1835 gründeten Studenten einen Wohltätigkeitsverein, der zunächst den Zweck hatte, *„dem Hausbettel zu steuern"*. 1845 kam es zur Gründung eines Vereins für „verschämte Hausarme", 1847 zur Gründung eines „Beschäftigungsvereins für arme Bewohner der Stadt und Umgebung".

Kinderreichtum: Salzstadelgasse um 1910.

Gegen Ende des 19. Jahrhunderts wurde die gesamte Armenfürsorge gemäß der staatlichen Gesetzgebung neu strukturiert. 1909 wurde das Spitalgebäude vergrößert und zu einem Städtischen Krankenhaus umgebaut, die Insassen ins Gutleuthaus ausgelagert. 1924/25 erfolgte dann der Umbau zum „Bürgerheim", zur heutigen Nutzung als Alters- und Pflegeheim.

Kornhausstraße

An der herzoglichen Fruchtschranne und dem Bürgerheim vorbei kommt man an die „Krumme Brücke“, ein kleiner Platz, der seinen Namen der hier über den Ammerkanal führenden – einst krummen, 1398 erstmals genannten – Brücke verdankt. Seit 1985 wieder hergestellt ist die alte „Wette“, in der früher das Vieh getränkt und die Wagen geputzt wurden. Stolz präsentiert sich das Eckhaus Ammergasse/Judengasse, dessen Bausubstanz ins Mittelalter reicht, das sein „historisierendes“ Aussehen mit dem mehrstöckigen, spitz auslaufenden Turm, den Mansarden, Erkern und dem Zierfachwerk aber erst durch einen Umbau von 1904/05 erhielt.

Konsolstein an der Kornhausstraße 17 mit der Jahreszahl 1602 und einem Wappenhalter mit einer Hausmarke und einem Steinmetz- oder Zimmermannszeichen.

In der Kornhausstraße reihen sich heute Laden an Laden, doch kann man noch manche historische Reminiszenz entdecken. An dem Haus Nr. 15/17 befindet sich am Erdgeschoß je ein Konsolstein mit der Jahreszahl 1602 und den Initialen P H. Der eine zeigt einen Wappenhalter mit einer Hausmarke (Faßbinder?) und einem Steinmetz- oder Zimmermannszeichen, der andere einen sogenannten Neidkopf, eine Fratze, die als Bannungs- oder Abschreckungszeichen zu verstehen ist. Der Neidkopf galt als Abwehrzauber, sollte böse Geister bannen und fern halten, diente dem Schutz gegen Unbill aller Art, gegen Krankheit, Neid, Verwünschungen, Zwietracht und den bösen Blick.

Neidkopf an der Kornhausstraße 17 als Abschreckungszeichen, Hilfe gegen böse Geister, Krankheit, Verwünschungen und Unbill aller Art.

Das Haus Nr. 5, Kino Löwen, beherbergte einst ein Gasthaus mit einem großen Saal und eine Bierbrauerei. An sie erinnert noch heute das an der Längsfront des Gebäudes (Rathausgasse), ziemlich weit hinten, angebrachte Zunftzeichen der Bierbrauer, das meist als Judenstern mißdeutet wird. Der Löwen war an der Nahtstelle zwischen oberer und unterer Stadt im 19. Jahrhundert ein beliebter Treffpunkt für die Bewohner beider Stadtteile. Lange Zeit war er Kneiplokal der Verbindung Normannia. In ihm ist erstmals das Abschiedslied aller deutscher Verbindungsstudenten gesungen worden: *„Bemooster Bursche zieh ich aus, Behüt dich Gott, Philisters Haus! . . . Leicht ist mein Sinn, und frei mein Pfad, Gehab dich wohl, du Musenstadt!“*, das Gustav Schwab für die von ihm mitgegründete literarisch-ästhetische Studentenverbindung Romantika gedichtet hat. Den Löwen schätzte aber auch der Weingärtner Liederkranz, der hier 1845 seine erste öffentliche Versammlung abhielt.

Am Gasthaus Löwen (Längsfront) der Stern als das Zeichen der Bierbrauer.

Kornhaus

Das die Straße beherrschende Gebäude ist das Kornhaus, heute Stadtmuseum, deutlich erkennbar aus zwei Häusern, einem Längs- und einem Querbau zusammengesetzt. Das Längshaus wurde – ein Stock niedriger als heute – 1453 erbaut. In der ursprünglich offenen Halle des Erdgeschosses fand an den Wochenmarkttagen der Getreidehandel statt, hier konnten die Tübinger Bäcker ihren Bedarf decken oder Aufkäufer aus dem „Ausland“, etwa aus der Reichsstadt Reutlingen, ihr Glück versuchen. Das Kornhaus diente weniger als Lagerhaus denn vielmehr als einzig autorisierter Umschlagplatz für Korn. Über die Nutzung der Obergeschosse schweigen sich die Quellen zunächst aus, doch berichtet der Tübinger Professor Martin Crusius, daß dort 1588 Komödien und Tragödien aufgeführt worden seien, etwa das Stück „Vom Reichen und dem Lazarus“ *„allen gottlosen, übermütigen und fürwitzigen Menschen zu einem erschröcklichen Exempel und trewherzigen Warnung“*.

Ein Stützbalken am Kornhaus nennt das Jahr der Erbauung (1)453.

Wohl um für derlei Veranstaltungen mehr Platz zu schaffen und in der Absicht eine „Bürgerstube“ einzurichten, wurde 1607 das Kornhaus unter teilweiser Wiederverwendung des alten Dachstuhls um eine Etage aufgestockt und das Querhaus dem Längshaus einbezogen. In den neu gewonnenen Räumen wurden – sehr zum Ärger der einheimischen Gastronomie – Hochzeitsfeste abgehalten und sonstige Feierlichkeiten ausgerichtet, zudem konnte man in einem „Tanzsaal" unter einem Tanzmeister das richtige Verbeugen, Drehen und Wenden lernen oder, in einem Raum daneben, das Bolzenschießen versuchen.

Am meisten besucht freilich war die Bürgerstube, eine Art Gasthaus mit geschlossener Gesellschaft, eine Einrichtung „*für die Ge-*

Kornhaus der Stadt, einst (seit 1453) Umschlagplatz für Getreide mit großen Toren im Erdgeschoß, später zudem Theaterhaus und Schule, heute Stadtmuseum.

selligkeit in Ehren", wie die Statuten es nennen. Jedermann konnte *„ohn Ansehen der Person"* zur *„öffentlichen, löblichen, ehrlichen Gemeinschaft, fürnehmlich und zuförderst zu ehrliebender Kurzweil, Fried, Freud, freundlichen Gesprächspflanzung und Erhaltung guter Kunde"* mittels einer Einlage von zehn Kreuzern Mitglied werden. Wie lange dieser „Bürgerclub" bestand hatte, wissen wir nicht. Ab 1697 wird ein Saal der Universität *„ohnbeschadet der Tänze und Comödien, die daselbst stattfinden"*, als Fechtboden überlassen. Die Räume des Bürgerhauses übernahm wohl die „Deutsche Knabenschule", von der 1681 erstmals erwähnt wird, daß sie im Gebäude untergebracht sei. 1823 zog zusätzlich die neu gegründete Realschule ein.

Konsequent wurde bei der Sanierung des Kornhauses darauf geachtet, die alte Bausubstanz, so wie sie war, zu erhalten und Veränderungen oder Ergänzungen durch neueste Materialien in moderner Bauweise kenntlich zu machen.

Bis 1892 erfüllte nun das Gebäude als Kornhaus und als Schulhaus mit Lehrerwohnungen zwei Funktionen, die, wie viele Klagen beweisen, eigentlich nicht miteinander vereinbar waren.

Schließlich erhielt 1892 die Knabenschule ein eigenes, nach Friedrich Silcher benanntes Gebäude, 1909 wurde der Kornmarkt aufgegeben. Nun erlebte das Kornhaus vielerlei Nutzungen von Vereinen, Einrichtungen, Behörden, Schulen bis schließlich 1983 der Gemeinderat nahezu einstimmig beschloß, darin das „seit bald hundert Jahren geplante" Stadtmuseum unterzubringen.

Bei der Sanierung des Kornhauses (1986 – 1990) ging die gemeinderätliche Übereinstimmung jedoch verloren. Politisch umstritten waren und sind noch immer, wie die jährlichen Etatberatungen beweisen, die Grundsätze, von denen sich Architekt und Bauherr leiten ließen. Bewußt verzichteten die Planer auf eine Rekonstruktion des spätmittelalterlichen Erbauungszustandes. Sie verstanden das Kornhaus – immerhin eines der ältesten Gebäude der Stadt – als größtes museales Ausstellungsobjekt, an dem sich die von ihm erlebte über 500jährige Stadtgeschichte auch künftig widerspiegeln sollte. So wurden am Gebäude die Spuren der vielen Nutzungsänderungen erhalten, Um- und Ausbauten deutlich ge-

An den Fenstern des Kornhauses im 1. Stock entzündete sich ein den Gemeinderat entzweiender Streit: dürfen sie aus Metall sein und „modernistisch" aussehen oder müssen sie nicht vielmehr in herkömmlichem Holz ein „altes Gesicht" zeigen. Ein modernes Probefenster blieb erhalten.

macht. So viel, wie irgend möglich, wurde erhalten, original, ungeschönt und unretuschiert. Ergänzungen im Sinne einer Rekonstruktion wurden nur dort unternommen, wo sie aus Gründen der Standhaftigkeit unumgänglich waren, zudem wurden sie so ausgeführt, daß sie als Reparaturen erkennbar bleiben. Gestritten wurde vor allem um die Außengestaltung, an der das Prinzip besonders augenfällig wird, neben das erhaltene, teilweise rekonstruierte Alte moderne Konstruktionen mit neuen Materialien zu setzen. Man sieht, wie die alemannischen Holzständer teilweise ergänzt wurden, doch ohne Kopf- und Brustriegel blieben, so daß die modernen Fenster sich eigenwillig, in einer einheitlichen Höhe, von der Fachwerkkonstruktion abheben.

Dem genauen Beobachter fällt auf, daß ein Fenster im ersten Stock (das zweite von links) aus dem Rahmen fällt. So hatten sich die Planer alle Fenster vorgestellt, doch da sprach der Gemeinderat mehrheitlich ein Machtwort: die Fenster müssen Holzrahmen erhalten und insgesamt einfach fensterähnlicher aussehen. Das Probefenster aus Stahl aber blieb mit mehrheitlicher Duldung des selben Gremiums erhalten. So kann sich nun jede und jeder eine eigene Meinung bilden. Von der Fachwelt erhielt die Sanierung, deren Grundsätze im Innern an vielen Details erkennbar sind, fast einhellig Zustimmung, Lob und Auszeichnungen.

Geöffnet ist das Stadtmuseum im Kornhaus täglich außer Montag von 15.00 bis 18.00 Uhr, sowie zusätzlich am Sonntag von 11.00 bis 13.00 Uhr.

Vom Kornhaus führt die Marktgasse wieder zurück zum Marktplatz.

Zwischen Marktplatz und Lustnauer Tor

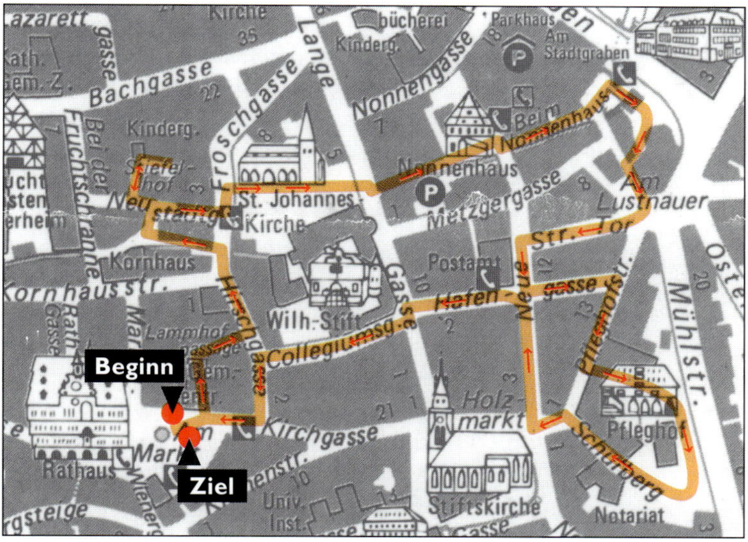

„Die mittlere Stadt sieht einer alten, zufällig zusammengebauten Gewerbestadt ähnlich."
Goethe, 7. Sept. 1797

Dieser Rundgang beginnt am Marktplatz und folgt einer etwas verschlungenen, nicht immer leicht zu findenden Route, in der aber alle Elemente Tübinger Geschichte aufgespürt werden können. Zunächst geht man unter dem Evangelischen Gemeindezentrum Lamm hindurch in den dortigen öffentlich zugänglichen Innenhof, der ein gutes Beispiel der Altstadtsanierung bietet. Dort findet man auch zwei viel fotografierte, lebensgroße Bronzefiguren, die der Volksmund, seit ihrer Aufstellung 1979 als Gog und Professor bezeichnet und als Karikatur auf die Gegensätzlichkeit von oberer und unterer Stadt deutet. Der weitgereiste Besucher, weiß es besser, hat er doch diese Figuren in leichter Abwandlung schon in Heilbronn oder Braunschweig oder in vielen anderen deutschen Städten kennengelernt.

Vor der Sanierung, der Innenhof des Hotels Lamm.

Vom Innenhof führt eine breite Treppe zur Lammpassage und von dort kommt man – unten angelangt nach rechts – an den Ladengeschäften vorbei zur Hirschgasse. Von der ehemaligen Nutzung des Gebäudes Nr. 9, das der Gasse seinen Namen gegeben hat, zeugt noch immer ein altes Wirtshausschild. Heute sind im „Hirsch" eine „Altenbegegnungsstätte" und ein gleichnamiges Café untergebracht. Daran vorbei geht man geradeaus bis zum Ammerkanal vor der Straßenverengung am Ende eines kleinen Platzes. Nun wendet man sich nach links, unmittelbar neben dem Ammerkanal aufwärts und gelangt auf einem schmalen Pfad über einen kleinen Steg in die Neustadtgasse und hinter das ehemalige Kornhaus, heute Stadtmuseum.

Beim Steg über den Ammerkanal fällt ein mittelalterliches Haus auf, dessen äußerer Treppenaufgang zum ersten Stock verdeutlicht, daß im Erdgeschoß einst – wie in vielen Tübinger Häusern –, Ställe, Remisen und Werkstätten untergebracht waren, die Wohnräume in den oberen Stockwerken lagen. Eine Art Brücke im ersten Stock hin zum Kanal bildete den Zugang zum (inzwischen abgebrochenen) Aborterker. Erkennbar wird hier die Funktionen des Kanals als Transporteur von

Hinter dem Kornhaus mit Blick dem Ammerkanal entlang auf den Rest eines alten „Sprachhauses".

Schmutz, Dreck, Abfall und Fäkalien. Diese Art von WC hieß früher – genauso wie das Rathaus – „Sprachhaus“, – eine überraschende Gemeinsamkeit, die sich das Grimmsche Wörterbuch dadurch erklärt, daß in beiden Einrichtungen *„unter Ausschluß der Öffentlichkeit in geschlossener Sitzung“* verhandelt werde. Wer übrigens über kein Sprachhaus verfügte, der war gehalten seinen *„Nachttopf“ „nachts in den Bach zu tragen.“*

Hinter dem Kornhaus: eine kleine Freilichtausstellung zum Thema Wasser in der Stadt: hier eine ehemalige Brunnenfigur.

Wer noch mehr über den Ammerkanal und seine Nutzung erfahren möchte, findet hinter dem Kornhaus eine kleine Freilichtausstellung zum Thema Ammerkanal und Wasser in der Stadt.

Von dort geht man wieder zurück, folgt der Neustadtgasse wenige Schritte nach links und kommt zum Stiefelhof, dem Rest einer mittelalterlichen Hofanlage innerhalb der Stadtmauer. Das Gebäude Nr. 5 wurde schon 1323 erstmals urkundlich erwähnt: „Stivels, des Ledergerbers Gesäß“. Nun kehrt man erneut um und geht vorbei am Mexikoladen und am Gasthaus Pflug, in dem nach dem Zweiten Weltkrieg die antifaschistische Demokratische Vereinigung tagte, zur Johanneskirche, auf die man ausgangs der Neustadtgasse stößt.

Die 1875 bis 1878 nach Plänen des Oberbaurats Joseph von Egle errichtete katholische Pfarrkirche zählt zu den wichtigsten Zeugnissen der Neugotik in Württemberg.

Für die damals junge katholische Gemeinde und die seit 1817 wieder bestehende Katholisch-Theologische Fakultät war ihr Bau ein wichtiger Schritt zur weiteren Integration in die überwiegend protestantische Stadt und Umgebung. Im 1534 evangelisch gewordenen Tübingen, zeitweilig Sitz protestantischer Orthodoxie, war der Zuzug von Katholiken zu Beginn des 19. Jahrhunderts möglich geworden durch die Kriegsereignisse, vor allem aber durch das 1803 erlassene Toleranzedikt und den Anfall zahlreicher katholischer Gebiete an das durch Napoleons Gnaden stark vergrößerte, zum Königreich erhobene Württemberg.

Das ehemalige Ballhaus des Collegium Illustre wird 1818 zur ersten katholischen Kirche in Tübingen nach der Reformation umgebaut.

Der 1806 mit Genehmigung König Friedrichs gegründeten katholischen Kirchengemeinde, die damals zum größten Teil aus Studenten bestand, wurde zunächst die Jakobuskirche zur Mitbenutzung eingeräumt, 1818 das alte Ballhaus beim Collegium Illustre überlassen, das jedoch in vielerlei Hinsicht als Kirchenraum untauglich war. So kam es 1862, die Gemeinde war inzwischen von 130 auf 597 ortsansässige Mitglieder angewachsen, zur Errichtung eines „Comités“ in Tübingen, *„das für die Erbauung einer neuen Convikts- und Stadtpfarrkirche daselbst tätig zu sein sich die Aufgabe gesezt hat“*. 1875 konnte dann der Neubau beginnen, den der evangelische Dekan beim Einweihungs-Festbankett 1878 als einen der *„schönsten und stylgerechtesten des ganzen Landes“* rühmte und über den der hoch geachtete württembergische Architekt und Professor Christian Friedrich von Leins urteilte: *„Aus trefflichem grobkörnigem Sandstein hergestellt, erfreut dieser Bau trotz seiner Einfachheit das Auge sowohl durch die Reinheit der Verhältnisse und Schönheit des Ornaments, als auch durch die solide, vorzügliche Construction.“*

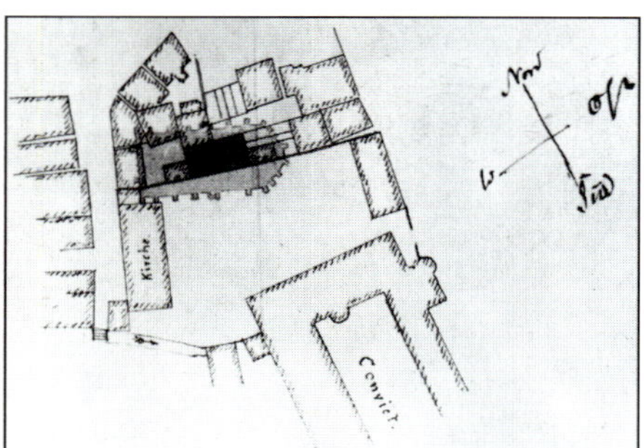

Plan der Froschgasse mit den Grundrissen der Häuser, die beim Bau der Johanneskirche abgebrochen werden mußten.

Südlich der Johanneskirche führt ein – nachts durch Tore verschlossener – Weg vorbei, diesem folgend kommt man zur Langen Gasse, wo sich schräg gegenüber (Nr. 18) das Alte Schlachthaus befindet.

Wo einst die Metzger genossenschaftlich schlachteten, und seit 1535 nachweisbar ihre Abfälle direkt in den darunter durchfließenden Ammerkanal warfen, verhelfen seit 1979 genossenschaftlich organisierte Tübinger Künstler der Lithographie zum „Vormarsch". Der Tübinger Künstlerbund 1971 als Alternative zum Ausstellungsbetrieb in der Kunsthalle gegründet, verfügt über eine gut ausgestattete Werkstatt, die erlaubt, an alten Pressen verschiedene Drucktechniken, bevorzugt den Steindruck, zu erproben. Neben dem Druckzentrum ermöglicht eine kleine Galerie (Eingang in der Metzgergasse 3) die Präsentation der „jungen Kunst im alten Haus".

Nonnenhaus

Die „Passage" neben dem Alten Schlachthaus führt nach wenigen Schritten, zuletzt entlang des Ammerkanals, zum „Nonnenhaus", einem der ältesten Häuser Tübingens. Die Holzkonstruktion des stattlichen Fachwerkbaus läßt eine Datierung auf die 2. Hälfte des 15. Jahrhunderts zu. Seinen Namen verdankt das Haus seinen damaligen Bewohnern: den Beginen oder Klausnerinnen, frommen, karitativen Werken verschriebenen Frauen, die zwar an keinen Orden gebunden waren, aber doch nonnenähnlich zusammenlebten.

Leonhard Fuchs (1499/1501 – 1566), Professor der Medizin und berühmter Botaniker, nach dem die „Fuchsie" benannt ist.

Im Zuge der Reformation kam das Haus 1535 an den neu berufenen Medizinprofessor Leonhard Fuchs (1501 – 1566), der sich an der Neuordnung der Universität beteiligte, vor allem aber durch seine „praktische" Medizin Bedeutung erlangte. Ungewöhnlich für seine Zeit stützte er sich nicht nur auf überliefertes Buchwissen, sondern auch auf direkte Beobachtungen und Analysen der Natur. Insbesondere bemühte er sich um die Verbesserung des botanischen Wissens und Unterrichts: ein Professor solle *„mit den Medizinstudenten die Felder und Berge öfters besuchen und dabei das Aussehen der Pflanzen beobachten"* und nicht – *„wie es bisher viele zu tun pflegen"* – die Kenntnis der Heilpflanzen, den *„einfältigen Kräuterweibern überlassen"*. Dazu legte er beim

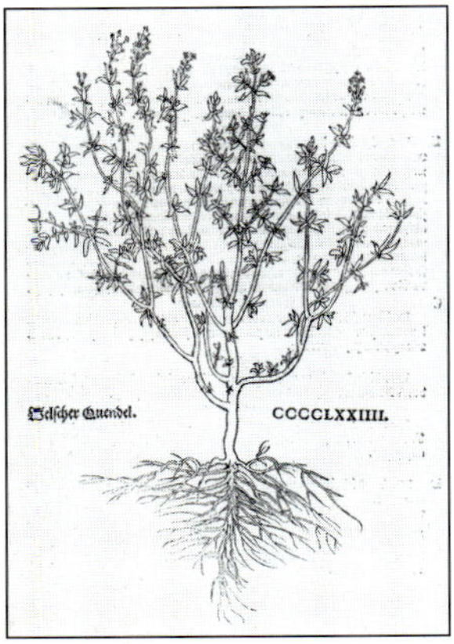

Seite aus dem 1543 erschienenen „New Kreüterbuch" des Leonhard Fuchs, das wegen seiner vielen großformatigen, ungewöhnlich genau beobachteten und exakt wiedergegebenen Abbildungen zum hochgeschätzten Vorbild vieler späterer Kräuterbücher wurde.

Nonnenhaus auch einen eigenen Arzneipflanzengarten, den ersten botanischen Garten Tübingens, an. Sein mit 511 vorzüglichen Holzschnitten illustriertes, 1542 erschienenes Pflanzenbuch „De historia stirpium commentarii" und dessen erweiterte deutschsprachige Ausgabe („New Kreüterbuch" 1543) begründeten seinen Ruf als „Vater der Botanik", dem zu Ehren im frühen 18. Jahrhundert ein französischer Botaniker eine neu entdeckte Pflanzenfamilie, die heute fast jeden Balkon ziert, „Fuchsia" nannte. An dieses Werk, das viele Auflagen erlebte, soll auch das vor dem Nonnenhaus liegende steinerne Buch erinnern.

Auffallend ist am Haus der äußere Treppenaufgang, der nicht nur zum ersten Stock führte, sondern auch zu einem weiteren „Aborterker" mit Fall in den Ammerkanal, zur Wasserspülung. Das eigentliche „Sprachhaus" fehlt heute, an seine Stelle und zu seiner Erinnerung setzte im Rahmen der Landeskunstwochen 1986 der Schweizer Künstler Jon Armleder einen in der ehemaligen Tübinger Stuhlfabrik Schäfer gefertigten hölzernen Stuhl.

Wer dem Ammerkanal folgt, kann sich beim oder neben dem „Markt am Nonnenhaus", einem in den späten 70er und frühen 80er Jahren heiß umstrittenen Sanierungsprojekt („gigantomanisch", „altstadterschlagend", „profitgierig"), unters Espresso trinkende oder Eis schlotzende Volk mischen, vielleicht beim bronzenen „Radfahrer-König" der Tübinger Bildhauerin Suse Müller-Diefenbach, der kurz vor der Fußgängerunterführung zum Alten Botanischen Garten steht und der an die Entstehung der Fußgängerzone erinnern soll. Von ihm aus ist noch ein Stück der mittelalterlichen Stadtmauer zu sehen, dort zweigt auch (Blick von der kleinen Brücke vor der Stadtmauer nach unten) vom Ammerkanal der im 15. Jahrhundert gebaute unterirdische Mühlgraben (heute Mühlstraße) in Richtung Neckar ab. Das durch den Höhenunterschied zwischen Ammer und Neckar entstehende Gefälle erlaubte einst, drei zusätzliche Mühlen zu betreiben.

Unser Spaziergang führt nun, egal welche der kleinen Brücken über den Ammerkanal man auch nimmt, bergauf, entweder außerhalb der Stadtmauer zum Lustnauer Tor und von dort die Neue Straße entlang zur Stadtpost oder innerhalb der Stadtmauer über die Metzgergasse eben dorthin.

Reste der mittelalterlichen Stadtbefestigung beim Lustnauer Tor mit Pechnasen und aufsitzenden Häusern.

Abzweig des Ammerkanals zum Neckar über dem im 15. Jahrhundert unterirdisch angelegten Mühlgraben.

Ein Blick in die gegenüberliegende Hafengasse oder nach rechts und links die Neue Straße entlang verdeutlicht, daß diese Straßenzüge nicht aus dem Mittelalter stammen. Im Gegensatz zu dem westlichen (rechts liegenden) Teil der Hafengasse springen die Häuser nicht vor oder zurück, sondern reihen sich akkurat entlang einer Baulinie. Ihr einheitliches Aussehen weist sie in die Zeit des Klassizismus.

Tatsächlich entstand dieses Viertel nach einem Stadtbrand neu, dem am 9. und 10. September 1789 insgesamt 46 Häuser, acht Scheuern und der herzogliche Marstall zu Opfer fielen. 104 Familien waren betroffen, die meisten wurden obdachlos.

Das 1829 abgebrochene Lustnauer Tor nach einer Lithographie um 1825.

Die Umstände und die Folgen des Brandes erregten landesweites Aufsehen. Der württembergische Herzog Karl Eugen war zu Hilfe geeilt, seine Gemahlin Franziska soll – so will es die Überlieferung – persönlich Löschwasser aus

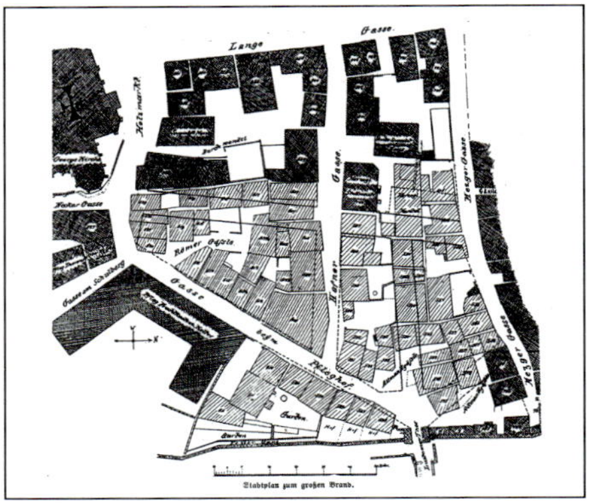

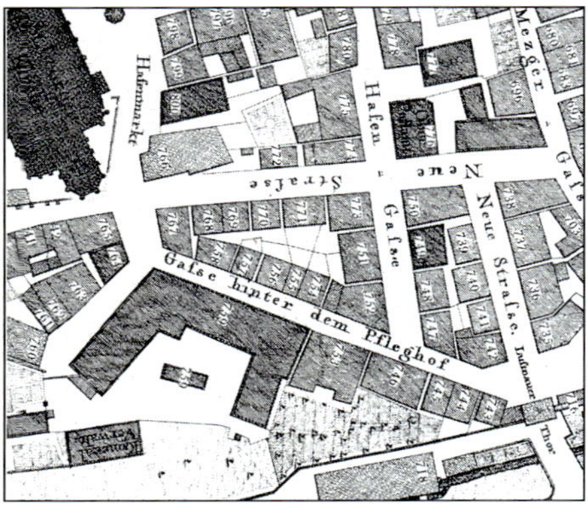

Eine Rekonstruktion des alten Häuserbestands in der Hafengasse zeigt die enge Bebauung des Stadtquartiers vor dem verheerenden Brand, der am 9. September 1789 im „Hochmannianum“ (auf dem oberen Plan Nr. 609) ausbrach und 46 Häuser vernichtete. Angezeigt ist auch die heutige Straßenführung, insbesondere die Schaffung der „Neuen Straße“.

dem Georgsbrunnen geschöpft haben. *„Die Tübinger selbst verhielten sich äußerst konfus. Anstatt zu löschen versuchte jeder sein Hab und Gut aus der Stadt hinauszuschaffen. Andere wiederum eilten zum Brandplatz um das Spektakel zu besichtigen. Eine unüberschaubare Zahl von Gaffern drängte sich auf dem Chorumgang der Stiftskirche, der den besten Aussichtsplatz bot. Schließlich scheint das Gewicht der Menge zu groß geworden zu sein. Die Brüstung brach hinunter und stürzte auf die unten versammelte maulaffenfeil haltende Menschenmenge. Fazit: 12 Verwundete und zwei Tote. Es waren die einzigen Toten der Brandkatastrophe.“*

Mit dem Wiederaufbau beauftragte Herzog Karl Eugen seinen Hofbaumeister Johann Adam Groß, der eine völlige Neuaufteilung des Brandgebietes vorschlug und durchsetzte. Auch das Aussehen der neuen Häuser wurde, sehr zum Ärger der Tübinger, bis ins Detail geregelt, Dachformen, Fenstergrößen, Anzahl der Stockwerke, Baulinien vorgeschrieben. So entstand in weniger als drei Jahren ein neues in sich geschlossenes frühklassizistisches Stadtquartier und damit eine städtebauliche Anlage, wie man sie in Württemberg nur selten antrifft.

Hochmannianum

Der Wiederaufbau nahm also kaum Rücksicht auf alte Haus- oder Straßenstrukturen. Die Neue Straße entstand ohne Vorbild, die Hafengasse wurde verbreitert. Unter beiden liegen alte, teils zugeschüttete Keller.

Geht man nun die Hafengasse links entlang zum Pfleghof, dem einzigen Gebäude, das in dieser nach ihm benannten Straße vom Feuer verschont blieb, kommt man am Hochmannianum (Pfleghofstraße 13) vorbei, in dem der Brand ausbrach. In ihm hatten nach einer Stiftung des Jura-Professors Hochmann aus dem 17. Jahrhundert sechs Studenten aus süddeutschen Reichsstädten *„freie Wohnung" und einen „damals noch sehr guten Tisch zu genießen"*. Ein Professor versorgte, mit den Studenten unter einem Dach wohnend, das „Ökonomische". *„Es herrschte eine anständige Freiheit in diesem Hause"*, erinnert sich der Biberacher Christoph Martin Wieland, der es als *„ein altes, großes hölzernes Gebäude von abscheulicher Bauart"* beschreibt. Der Dichter, aus der Reichsstadt Biberach stammender Stipendiat (1750-1752), verfügte zwar über *„ein großes Logis"*, in dem *„er nun Stunden lang im vollen Paroxysmus herumlief, und wenn er sich recht durchdrungen und befruchtet fühlte, schüttelte er dann seine Hexameter aufs Papier"*, doch so richtig wohl gefühlt hat er sich in der Stadt nie. Knapp ein Jahr nach seinem Einzug bekennt er in Briefen: *„Ich bin immer allein, und fürchte daß mich dieses etwas farouche u: pedantisch machet"; „Ich wünsche schon lange von hier erlöset zu seyn"*.

Martin Crusius (1526 – 1607), Professor für Griechisch, Latein und Rhetorik, einst weit über Tübingen hinaus bekannt als Freund griechischer Kultur und Sprache.

Nach dem Brand – der Wieland wohl kaum zu Kenntnis gelangte: er richtete damals (1789!) sein Augenmerk *„fasziniert auf die Brände in Paris"* – wurde das Stipendium in dem 1793 neuerrichteten gegenüberliegenden Haus (Nr. 4) untergebracht.

Dieses Haus bzw. dessen abgebrannten Vorgängerbau hatte 1576 Martin Crusius (1526 – 1607), seit 1559 Professor für Griechisch, Latein und Rhetorik, erworben. Ihm verdanken wir minutiöse und intime Kenntnisse des

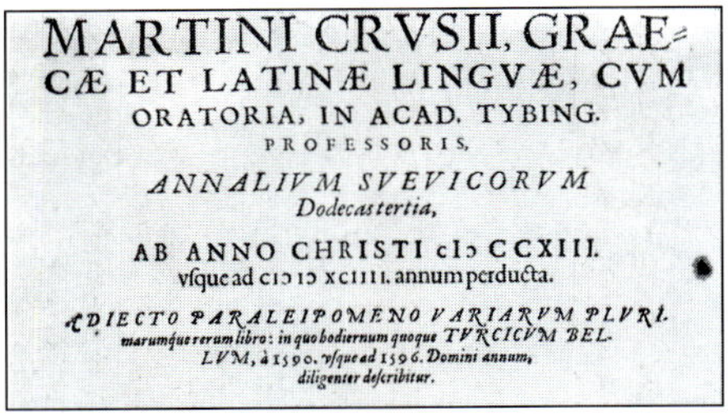
MARTINI CRVSII, GRAE-
CÆ ET LATINÆ LINGVÆ, CVM
ORATORIA, IN ACAD. TYBING.
PROFESSORIS,
ANNALIVM SVEVICORVM
Dodecas tertia,
AB ANNO CHRISTI cIↄ CCXIII.
vsque ad cIↄ Iↄ XCIIII. annum perducta.
*ADIECTO PARALEIPOMENO VARIARVM PLVRI-
marumque rerum libro: in quo hodiernum quoque TVRCICVM BEL-
LVM, à 1590. vsque ad 1596. Domini annum,
diligenter describitur.*

Titel der schwäbischen Annalen von 1596, dem bekanntesten und bedeutendsten Werk des Martin Crusius.

akademischen Lebens im Tübingen seiner Zeit. In seinem aus neun Bänden bestehenden Tagebuch, das für den Zeitraum von 1573 bis 1604 handschriftlich erhalten ist, hat er fast alles aufgeschrieben, was er getan und gedacht, erlebt und erfahren hat, meist in Latein, viel in Griechisch. Seine Aufzeichnungen enthalten eine schier unerschöpfliche Fülle von Details über das private wie öffentliche Leben, über den Alltag und den Feiertag. Fleißig notierte er, zu welchen Festen er eingeladen war, wie die Sitzordnung aussah, was es zu essen gab, was gesprochen wurde, wie das Wetter war, die Ernte ausfiel. Um seine vielen Aufgaben zu bewältigen, stand er im Sommer in der Regel um 4 Uhr, im Winter um 5 Uhr auf, auch wenn es morgens in seinem Studierzimmer so kalt war, daß ihm während des Schreibens die Tinte eingefroren ist.

In seiner Zeit aber weit über die Grenzen Tübingens, ja Württembergs hinaus bekannt war er als Philhellene. Er, *„der Tübingen zu einer Pflegestätte griechischer Sprache und Literatur gemacht hat"*, lehrte nicht nur Griechisch und schrieb zur Übung Sonntag für Sonntag die Predigten in Griechisch mit, er lernte und sprach auch – damals ganz unüblich – Neugriechisch, führte mit griechischen Händlern, Gelehrten, Klerikern, dem Patriarchen von Konstantinopel einen regen Briefverkehr. Er unterstützte nicht nur den abenteuerlichen Plan der Tübinger evangelischen Theologen die Ostkirche als Bundesgenossen gegen den Papst zu gewinnen, sein Haus war stets gastfreundlich allen Griechen geöffnet, ob es sich dabei um eher einfache Leute handelte oder um hochgestellte Persönlichkeiten, wie den Erzbischof Gabriel von Achrida, der 1587 Crusius in Tübingen aufsuchte.

Bebenhäuser Pfleghof

Das die ganze Straße beherrschende Gebäude ist der ehemalige Bebenhäuser Pfleghof, dessen alte Funktion als Naturalienlager, als klösterlicher Verwaltungssitz und Vermarktungsplatz sowie sein dreiflügeliger Grundriß am besten in seinem Innenhof (durch das große Tor von der Pfleghofstraße aus) zu erkennen sind. Die heute geschlossenen gotischen Fensterarkaden im Erdgeschoß waren früher offen zur Durchfahrt von Fuhrwägen. Im heutigen Festsaal der Musikwissenschaftler standen einst drei Kelterbäume, also Weinpressen. Deutlich wird auch, wie über einen auskragenden Erker Getreidevorräte in die Dachgeschosse hochgezogen wurden. Das separat stehende, über allem thronende Haus (Staatliche Liegenschaftsverwaltung) diente dem Bebenhäuser Abt als Stadtwohnung.

Innenhof des Bebenhäuser Pfleghofes mit einer über mehrere Stockwerke herausragenden Mansarde, die samt Lotterrad und -seil als Lastenaufzug diente.

Im Zusammenhang mit der Universitätsgründung 1477 erbaute sich das Zisterzienserkloster Bebenhausen, größter Grundherr, Steuer- und Zinseinnehmer der Stadt, einen neuen Pfleghof, dem 1502 – wohl zum Abschluß der Bauarbeiten – eine Freiheit von allen städtischen Abgaben verbrieft wurde. Auch nach der Aufhebung des Klosters 1535 diente der Hof weiter seinen alten Funktionen. Erst die Reformen des 19. Jahrhunderts („Bauernbefreiung") führten zu einer durchgreifenden Umstrukturierung der Nutzung, zur weitgehenden „Akademisierung" des Gebäudekomplexes: 1820 wird ein Fechtsaal eingerichtet, der bis 1940 in Betrieb ist, später kommen ein Turn- und ein Tanzsaal hinzu, 1881 werden die archäologischen Sammlungen der Universität hierher verlegt und die Kapelle des Pfleghofs zum Musikprobenraum umfunktioniert.

Seit 1989, eine jahrzehntelange Sanierung ging voraus, dienen der West- und der Südflügel ausschließlich dem Musikwissenschaftlichen Institut. Hier residiert also auch der Nach-Nachfolger von Musikdirektor Friedrich Silcher. Im Nordflügel ist neben einigen Wohlfahrtsverbänden auch ein Polizeiposten untergebracht – eine Reminiszenz an die Studentenunruhen des 19. Jahrhunderts, als in der Vormärz-Zeit (1825) erstmals eine im Pfleghof etablierte zwanzigköpfige Sondereinheit der Polizei für „Grabesruhe" an der Universität sorgte. Auf die Not der Nachkriegszeit geht das 1947/48 in den Dachstöcken eingebaute erste Tübinger Studentenwohnheim zurück.

„Schola Anatolica"

Vom Innenhof des Pfleghofs aus steigt man am besten (Richtung „Polizei") die Stufen hoch zum Gelände des ehemaligen Abtshauses, von wo aus man einen guten Blick auf die „Patrizierhäuser" der Mühlstraße hat, und umrundet über die Schulbergstraße den Pfleghof. Vorbei geht's dabei an der ehemaligen, 1471 erstmals dort erwähnten Lateinschule „Schola Anatolica" (Schule am Österberg, heute Notariate, Schulberg 10), die 1819 Lyzeum, 1855 Landesgymnasium wurde. Bis 1860 wurde hier gelehrte Bildung an Bürgersöhne vermittelt, darunter Ludwig Uhland (1793 – 1801) und Wilhelm Hauff (ab 1809).

Pauper, arme Schüler, beim Adventssingen, Zeichnung um 1850.

Zwei Blicke auf ehemalige Verhältnisse: Als 1685 der 62jährige „Kollaborateur", also Lehrer, die Stadt bat, ihm bei 92 Schülern einen Gehilfen zu geben, wurde ihm dies aus Kostengründen abgelehnt. – Seit 1474 ermöglichte eine Stiftung acht Pauper, armer Bürger Söhne, den kostenlosen Schulbesuch, ja sie erhielten sogar zusätzlichen Gesangsunterricht, der es ihnen ermöglichte, sie aber auch dazu verpflichtete bei öffentlichen Anlässen (Beerdigungen, Gottesdienst) oder vor Bürgerhäusern, etwa in der Weihnachtszeit, gegen Almosen zu singen: Als 1648 einer dieser Pauperi, Sohn der Witwe des Maurers Laiblin, starb, klagte seine Mutter: Sie habe *„gleichsam ihre Nahrung von demjenigen gehabt, was der verstorbene Knab gleich anderen Pauperibus alle Samstage mit Singen bekommen"*.

Die Ecke des Pfleghofes am Schulberg/Pfleghofstraße diente vor allem der Repräsentation des Klosters Bebenhausen. Dort schaut eine spätgotische Madonna, Schutzpatronin der Zisterzienser, hoheitsvoll auf die Stadt hin zur Kirche der Bürger. Vier spätgotische Fenster und ein Portal mit dem Zisterzienserwappen und der Aufschrift „Soli deo 1492“ (Gott allein zu Ehren) schmücken die in diesem Bauteil befindliche ehemalige Kapelle des Klosters Bebenhausen, verdeutlichen aber auch den einstigen Reichtum, die Macht, den Rang des Klosters innerhalb der Stadt. Die Kapelle wird mit ihrer neuen Orgel heute von Musikstudenten als Übungsraum benutzt.

Holzmarkt

Blickt man vom Holzmarkt aus noch einmal zurück und läßt den Blick über die Neue Straße den Schulberg und seinen Pfleghof zur Neckargasse schweifen, begegnet man einem Panorama der Stadtgeschichte: klassizistische Neue Straße nach dem Stadtbrand von 1789, deren Nr. 1 einst Offizierskasino, dann ein Damenkonfektions- und Aussteuergeschäft des Juden Jakob Oppenheim war, das dieser unter Nazi-Druck 1935 vermietete, 1938 verkaufte; dem spätgotischen Pfleghof schräg gegenüber ein mittelalterlicher Fachwerkbau (Friseurgeschäft), das vor gut 10 Jahren von seinem neuen Besitzer, einem Griechen, liebevoll und denkmalpfleglich saniert wurde; davor an der Ecke zur Neckargasse der „Wurstpalast“, sogenannt nach seinem Eigentümer, einem Metzger, der im Jahr 1900 das hier stehende dreistöckige Fachwerkhaus abbrechen und sich ein steinernes „Patrizierhaus“ in historisierendem Stil erbauen ließ: Was zu einer Art ersten Bürgerinitiative und 1907 zur Verabschiedung einer Stadtbild-Satzung führte.

Eckhaus an der Neckargasse vor dem Umbau zum „Wurstpalast“ im Jahr 1900.

Hafengasse

Wir gehen nun die Neue Straße weiter, vorbei an der Nr. 3, in der am 12.6.1847 Friedrich Payer, Sohn eines Universitätspedellen, geboren wurde, von 1895 bis 1912 Präsident des württembergischen Landtags und von 1917 bis 1918 Vizekanzler des Deutschen Reiches. Vor der Stadtpost biegen wir nach links in die Hafengasse.

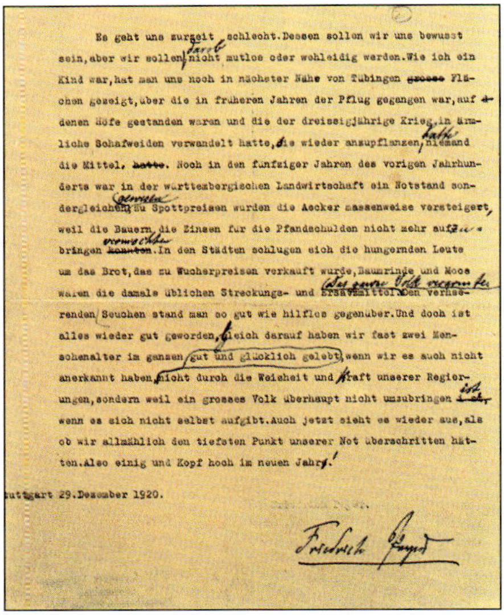

Es geht uns zurzeit schlecht. Dessen sollen wir uns bewusst sein, aber wir sollen nicht mutlos oder wehleidig werden. Wie ich ein Kind war, hat man uns noch in nächster Nähe von Tübingen Flächen gezeigt, über die in früheren Jahren der Pflug gegangen war, auf denen Höfe gestanden waren und die der dreissigjährige Krieg in ärmliche Schafweiden verwandelt hatte, die wieder anzupflanzen niemand die Mittel. Noch in den fünfziger Jahren des vorigen Jahrhunderts war in der württembergischen Landwirtschaft ein Notstand sondergleichen. Zu Spottpreisen wurden die Aecker massenweise versteigert, weil die Bauern die Zinsen für die Pfandschulden nicht mehr aufbringen. In den Städten schlugen sich die hungernden Leute um das Brot, das zu Wucherpreisen verkauft wurde, Baumrinde und Moos waren die damals üblichen Streckungs- und Ersatzmittel. Den verheerenden Seuchen stand man so gut wie hilflos gegenüber. Und doch ist alles wieder gut geworden, gleich darauf haben wir fast zwei Menschenalter im ganzen gut und glücklich gelebt, wenn wir es auch nicht anerkannt haben, nicht durch die Weisheit und Kraft unserer Regierungen, sondern weil ein grosses Volk überhaupt nicht umzubringen wenn es sich nicht selbst aufgibt. Auch jetzt sieht es wieder aus, als ob wir allmählich den tiefsten Punkt unserer Not überschritten hätten. Also einig und Kopf hoch im neuen Jahr!

…uttgart 29.Dezember 1920.

Friedrich Payer

Brief von Friedrich Payer (1847 – 1931), demokratischer Reichstagsabgeordneter Tübingens (ab 1877) und letzter Vizekanzler des Kaiserreichs 1918.

Im ehemaligen Gasthaus Prinz Karl (Nr. 6), heute Mensa der Universität, ein Gebäude aus dem 16. Jahrhundert, das im 19. Jahrhundert um ein Stockwerk erhöht wurde, wohnte 1886/87 Alois Alzheimer als Student. Im Rahmen der in Tübingen tagenden „37. Versammlung der südwestdeutschen Irrenärzte" stellte er erstmals – inzwischen promovierter Privatdozent in München – am 3. November 1906 die dann nach ihm benannte Alterskrankheit vor. Beide Tübinger Reminiszenzen führten 1995 zur Anbringung einer Gedenktafel.

Schräg gegenüber, am Haus Hafengasse Nr. 3 weist eine Gedenktafel, die der Hoflieferant Riß 1912 zu Ludwig Uhlands 50. Todestag anbringen ließ, darauf hin, daß hier der Dichter von 1787 bis 1812 bei seinen Eltern als Kind, Schüler und Student wohnte.

Eines seiner ersten literarischen Zeugnisse hat er, 13jährig, hier an Neujahr 1800 selbst vorgetragen: *„Gütigste Mutter! Mein Herz, so wie meine Pflicht ruft mich laut auf, Ihnen am Ende dieses Jahres, in dem Sie mir soviele Wohltaten erwiesen, meinen innigsten Dank abzustatten. Ich vermag es freilich nicht, ihn Ihnen mit Worten noch Würden abzustatten, aber umso mehr werde ich es mir angelegen seyn lassen, durch Fleiß, Frömmigkeit und gute Sitten mich Ihnen dankbar zu beweisen . . ."* Keine fünf Jahre später entstan-

Ludwig Uhland (1787 – 1862), ein Jugendporträt aus den Städtischen Sammlungen.

den dann die ersten Gedichte, die bald seinen Ruhm begründeten.

Blickt man an diesem Gebäude (heute: Spielwarengeschäft) rechts vorbei über den flachen Anbau hinweg, fällt das Auge auf ein mittelalterliches Fachwerkgebäude, das im Kern um einiges älter ist als die im Giebel genannte Jahreszahl 1574. Es handelt sich dabei um den letzten sichtbaren Rest eines umfangreichen Klosterareals, das einst mit einer Kapelle und einem Friedhof, mit Wohn- und Wirtschaftsgebäuden den größten Teil des Bereichs Hafengasse/Lange Gasse/Metzgergasse ausfüllte und im Spätmittelalter Tertianerinnen als Nonnenkloster diente. Wohl um die klösterliche Ordnung zu verbessern führte dort Graf Eberhard im Bart 1479 die Augustinerregel ein. Da die Nonnen aber weiterhin von ihren *„Anstößern also uberbaut"* waren, daß diese in ihre Zellen und Höfe blicken konnten und die Nonnen zu ihren Nachbarn „Gesicht" hatten, diesen zudem Winke und Zeichen geben konnten, wurde 1495 der Nonnenkonvent aus der „gefährlichen Stadt" nach Owen unter Teck verlegt. Den von Professor Martin Prenninger genannt Uranius daraufhin für 4000 Gulden erworbenen Komplex verkauften dessen Erben 1505 an das Kloster Blaubeuren, das dann hier einen Pfleghof einrichtete. In der zweiten Hälfte des 17. Jahrhunderts veräußerte dann der württembergische Staat, Rechtsnachfolger des in der Reformation 1535 aufgelösten Klosters Blaubeuren, das Areal Stück um Stück an Private.

Rest des Blaubeurer Pfleghofes an der Hafengasse mit der Jahreszahl 1574 im Giebel.

Konvikt

An der Ecke Collegiumsgasse/Lange Gasse steht das Wilhelmsstift, katholisches Konvikt, einst eine Ritterakademie: An Stelle des 1535 aufgehobenen und 1540 abgebrannten Franziskanerklosters, nach dessen der Armut verpflichteten Bewohnern die Straße lange noch Barfüßergasse genannt wurde, ließ Herzog Ludwig 1588 bis 1592 von Baumeister Georg Beer (unter Mitwirkung von Heinrich Schickhardt) eine neues Collegium errichten (Collegiumsgasse!), das als weltliches Pendant zum Evangelischen Stift zur Ausbildung von modernen Staats- und höheren Verwaltungsbeamten dienen sollte und laut einer Inschrift am Gebäude (Toreinfahrt, Ecke Lange Gasse) allen offenstehen soll: „Hie sollin studiern zu jeder Zeit, Herrn vom Adel und ander Leut“. Doch kaum geöffnet wurde es zum exklusiven Collegium Illustre, zur Ritterakademie, die weit über Tübingen hinaus Ruhm und Ansehen erlangte und bis zur kriegsbedingten Schliessung 1628 die bevorzugte Ausbildungsstätte des protestantischen Adels Europas war. Zum Unterricht gehörten die „Leibes- und Hofexercitien“ Tanzen, Reiten, Fechten, Tennis, Ballspiel – aber auch Eloquenz, Jura, Physik und – im Gegensatz zur Universität – moderne Fremdsprachen.

Tafel am ehemaligen Collegium Illustre, heute Wilhelmsstift, die Herzog Ludwig von Württemberg 1593 über dem südöstlichen Portal anbringen ließ. Sie zeigt im mittleren Feld das Wappen des Herzogs, darüber seinen Wahlspruch NGW (Nach Gottes Willen). Die linke lateinische Inschrift ist rechts ins Deutsche übersetzt.

Tennisspiel im Ballhaus der einstigen Ritterakademie, Stammbuchblatt von 1598.

Mit dieser Einrichtung bekam Tübingen weitere,

neue „Herren" mit eigener Gerichtsbarkeit, unabhängig von der Stadt, diese mit Duellen, Standesdünkel, Privilegien, Raufereien und mancherlei mehr belastend. Nach einer kurzen Wiedereröffnungsphase nach dem 30jährigen Krieg diente das Gebäude im 18. Jahrhundert vor allem als Absteigequartier für württembergische Prinzen und vornehme Gäste sowie zur herzoglichen Einflußnahme auf die Universität. So wurden nach wie vor die „modernen" Lehrstellen am Collegium, ohne Mitwirkung der Universität, mit außerordentlichen Professoren besetzt.

Der Innenhof des 1817 von König Wilhelm im Gebäude der ehemaligen Ritterakademie errichteten katholischen Konvikts, dem Wilhelmsstift.

Unter König Wilhelm schließlich wurde 1817 im Gebäude das „Höhere katholische Konvikt" (Wilhelmsstift) eingerichtet, Wohn- und Studienort für die Studenten der neu gegründeten und von Ellwangen nach Tübingen verlegten Katholisch-theologischen Fakultät. Umbauten nach 1976 haben den Innenhof „modernistisch" verändert. Nichts geändert hat sich daran, daß manch Konviktler im Spannungsfeld zwischen Tübinger Fakultät und Rottenburger Diözese studieren muß.

Das Wilhelmsstift im Norden mit der katholischen Kirche von 1818, dem ehemaligen Ballhaus, die 1875/78 von der benachbarten Johanneskirche ersetzt wurde; Gouache um 1827.

Das daneben stehende aus dem 16. Jahrhundert stammende, von Heinrich Schickhardt (1558 – 1634) umgebaute Haus (Collegiumsgasse Nr. 3), diente zu Zeiten der Ritterakademie dessen Oberhofmeister (Rektor) als

Amtswohnung, 1759 wurde es Sitz des Oberamtmanns, ein Vorläufer des Landrats. 1907 wurde es dem Wilhelmsstift angegliedert.

Scheinarchitektur – aufgemalte Fenster, Läden und Quader – am Eckgebäude von Collegiums- und Hirschgasse

Gegenüber (Collegiumsgasse Nr. 2) zeigt sich das alte Fachwerk des Boulanger, Hegels „Saufkneipe", – als wär es ein Symbol – in roter Farbe: *„Wenn ich doch nur etwas mehr Esprit hätte. Ich trinke und trinke, damit ich ein wenig leichter werde – und werde doch nur schwerer . . . Hölderlin raucht auch zuviel. Obwohl – dafür trinke ich mehr. Rauchen und Trinken – das ist unsre Opposition, wie jämmerlich. Aber was bleibt einem sonst hier. Besser noch, im Boulanger zu hocken, als im Stift zu beten. Ach, ich werde banal. Wenigstens witzig sollte ich sein!"* notiert der Stiftler und spätere Philosophie-Professor am 17. 6. 1792 in seinem Tagebuch. Heute ist der „Boulanger" für manche eine Szenenkneipe für andere „nur" eine Bierkneipe, auf jeden Fall: nicht gerade *„piekfein"*, aber *„mit manchem komischen Typen als Gast"*, wie das Stadtbuch festhält, und mit Guinness vom Faß – eine Seltenheit.

Von hier aus hat man den besten Blick auf das mit Volutengiebel geschmückte Wilhelmsstift. Weiter ums Eck nach links blickt man aufs „Calwer-Haus", an dem eine weithin sichtbare Inschrift vom großen Marktplatzbrand des Jahres 1476 kündet, dem 18 Häuser zum Opfer fielen. Und damit ist man wieder am Marktplatz, dem Ausgangspunkt unseres Rundgangs.

Zwei Abstecher: Sehenswertes nahe der Altstadt

Hesse-Haus, Herrenberger Str. 28

Etwa fünf Minuten braucht man, um von der Altstadt zum Hessehaus zu gelangen. Man geht dabei vom Schmiedtor über die Ammer in die Herrenberger Straße, so wie dies Hesse getan hat, wenn er von der Arbeit in der Buchhandlung Heckenhauer nach Hause ging. Man braucht allerdings Phantasie, um der Welt Hesses zu begegnen, von der er schreibt: *„Mein täglicher Weg führt an Zäunen vorbei, welche von Blütenzweigen überhangen sind.“* Heute hat die Straße, den Bedürfnissen des Autoverkehrs angepaßt, die meisten Vorgärten verschlungen und die wenigen noch erhaltenen erheblich reduziert.

Auch das Haus Nr. 28, in dem Hermann Hesse von Mitte Oktober 1895 bis Ende Juli 1899 wohnte, ist durch einen modernen Anbau verändert, doch ist der ehemalige Zustand noch gut zu erkennen. Für seine Eltern zeichnete Hesse einen Plan seiner Wohnung im Erdgeschoß, aus dem deutlich wird, daß sein Zimmer zur Straße hinter den beiden mittleren Fenstern lag.

Seine Wirtin, die Dekanswitwe Pauline Leo-

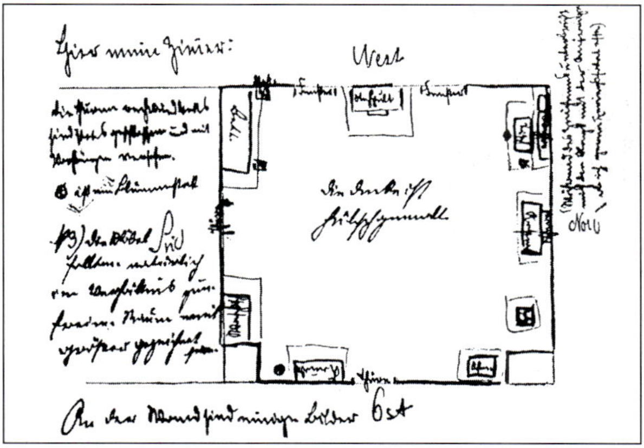

*Hesses Zimmer, von ihm selbst am 20. Oktober 1895 gezeichnet. Die Himmelsrichtungen hat er allerdings falsch wiedergegeben. Die beiden Fenster oben, zwischen denen sich ein Stehpult befand, öffnen sich nicht nach Westen, sondern nach Süden, der Straße zu. In der linken Zimmerhälfte stehen (von oben nach unten) Nachttisch, Bett, Stuhl, Waschtisch, Blumenstock und Kommode, in der rechten Sofa, Tisch, zwei Stühle, Kasten, Holz und Ofen. Am linken Rand notierte Hesse: die Türen rechts und links sind stets geschlossen und mit Vorhängen versehen. *ist ein Blumenstock. NB) Die Möbel sollten natürlich im Verhältnis zum freien Raum weit größer gezeichnet sein. Am rechten Rand: (Während des Zeichnens unterbricht mich die Magd mit der Anfrage, ob ich gern Heringsalat esse).*

pold, bemutterte ihn – wie Hesse nach Hause berichtet – „aufs sorglichste“. *„Sie ist wie aus einem Dickens'schen Roman exzerpiert, beweglich, heiter, lustig, sorglich, zum Platzen voll von alten und neuen Geschichten, und dabei voll Gemütlichkeit und Liebe... So viel und so gern sie redet, fällt es ihr doch nie ein, mich inquisitorisch auszufragen oder zu klatschen, und deshalb schmeckt mir das Essen bei ihrem Gespräch sehr gut und fühle ich mich dabei höchst behaglich, obgleich sie durch eifriges Zusprechen dafür sorgt, daß ich nicht zu wenig esse oder gar einschlafe.“*

Zu Hesses Zeiten war die Herrenberger Straße etwa bis zur Marquardtei (Nr.36), damals eine Bierbrauerei, gerade neu bebaut. *„Ich lebe eigentlich fein-fein: Die Bürostunden im Zentrum der Stadt, Privatlogis auf dem Lande. Die Freuden des Landlebens hat schon Horaz genügend besungen, ich kann seinen Idyllen noch die Gestalten mistführender Gagen, halbwilder Hündlein und Kinder und einer himmelan qualmenden Brauerei zufügen.“*

Vor dem Haus gab es damals noch Platz für eine Laube, in der sich Hesse in Sommerabenden gerne aufhielt: *„Sie ist so dicht, daß es ganz dunkel darin ist, und man kann durch die Rebranken die Vorübergehenden beschauen, ohne selbst sichtbar zu sein. Mit guter Laune und ein paar bengalischen Zündhölzern lassen sich da ein paar Nachtstunden, die zum Schlafen zu warm sind, behaglich verplaudern; man singt trinkt zuweilen Bier, plaudert und neckt die Straßengänger.“*

Vom Lustnauer Tor zum Stadtfriedhof

Ein weiterer empfehlenswerter Spaziergang führt vom Lustnauer Tor die Wilhelmstraße entlang, am „Museum" vorbei, zur Neuen Aula, dann durch diese hindurch zum Stadtfriedhof und schließlich über den alten Botanischen Garten zurück zum Ausgangspunkt.

Museum in Tübingen

Vom ehemaligen Stadttor ist nichts mehr zu sehen, lediglich ein Rest der Stadtmauer hat sich hinter dem „Schimpfeck" (Am Lustnauer Tor Nr. 1) erhalten. Auch das Haus, in dem von 1854 bis zu seinem Tod 1868 der Universitätsmusikdirektor und Komponist Friedrich Silcher wohnte, ist inzwischen abgerissen. An seiner Stelle findet man heute eine Bushaltestelle und einen pavillonartigen modernen Anbau. Gegenüber (Wilhelmstraße 3) befindet sich das neu renovierte „Museum", kein Ort musealer Sammlungen, sondern ein vielfach umgebauter und erweiterter multifunktionaler Gebäudekomplex, der eine renommierte Gaststätte, Kinos und Veranstaltungsräume aller Art beherbergt. Bei seiner Grundsteinlegung 1821 war das von der damaligen Lesegesellschaft als Treffpunkt der Tübinger Gesellschaft errichtete „Museum" das erste Haus vor der Altstadt, ausgestattet mit Kegelbahnen, Billardspielen, Konzert- und Ballsälen. Sein Bau bildete den Auftakt zur Gestaltung der nach dem württembergischen König Wilhelm genannten neuen Vorstadt.

Das Rückgrat dieses neuen Stadtquartiers bildet die Wilhelmstraße, die vom Lustnauer Tor aus genau ein Kilometer gerade und eben in Richtung Lustnau verläuft. Mit einem Bürgersteig, dem ersten in Tübingen, wurde sie 1843/44 angelegt und „großstädtisch", als Vorbild nahm man 1876 die Berliner Straße „Unter den Linden", ausgebaut. Geht man vom „Museum" stadtauswärts, kommt man an spätklassizistischen Häusern vorbei, darunter Nr. 16 und

14, in ersterem wohnte Ottilie Wildermuth von 1859 bis 1866, im zweiten von 1866 bis zu ihrem Tod 1877. Nach wenigen Minuten steht man vor der 1845 eingeweihten Neuen Aula, Zentrum eines neuen ersten außerhalb der Altstadt liegenden Universitätsviertels. Der nach Plänen des königlichen Baurats Georg Gottlieb Barth (1777 – 1848) aus Dettenhäuser Keuperquader errichtete „Prachtbau" wird von zwei Gebäuden flankiert, was der Gesamtanlage einen großzügigen platzartigen Eindruck vermittelt. Im linken, dem einstigen Biologischen Institut, ist heute die Zentrale Verwaltung der Universität samt Rektor und Kanzler untergebracht. 1928 bis 1931 wurde die Aula in ihrer Rückfront durch zwei lange Seitenflügel und zwei weitere Quertrakte beträchtlich vergrößert.

Ein kleiner Abstecher führt, wenige Schritte die Wilhelmstraße weiter, zur porträtgeschmückten Muschelkalkfront der Universitätsbibliothek, die der Architekt Paul Bonatz (1877 – 1956) von 1910 bis 1912 gebaut hat.

Nun geht's in die Neue Aula hinein (werktags von frühmorgens bis spätabends geöffnet) und durch deren Wandelhallen hindurch, die mit Süßwasser- und Muschelkalkplatten verkleidet sind, zum 1829 erstmals belegten Stadtfriedhof.

Hier, im „Garten der Erinnerung", in dem sich die Grabdenkmäler wie Inseln „aus dem Strom der Zeit" erheben, kann man nun Zwiesprache halten mit den „großen" Toten der Stadt, ja gar mit „einigen, wenigen, allerdings genauso toten Unsterblichen". Von ihnen – schreibt Helmut Hornbogen – *„haben auf diesem Friedhof mehr als sonstwo in Württemberg und darüber hinaus ihre letzte Ruhestätte gefunden"*. Begraben liegen hier die Dichter Friedrich Hölderlin, Ludwig Uhland, Hermann Kurz, Ottilie Wildermuth, Anna Schieber und Isolde Kurz, der Komponist Friedrich Silcher, die Politiker Paul Achatius Pfizer, Gustav Rümelin, Carlo Schmid, Kurt Georg Kiesinger, die Theologen Ferdinand Christian Baur, Adolf Schlatter, Karl Weizsäcker, der Philosoph Eduard Spranger, die Kunsthistoriker Konrad Lange und Georg Dehio, der Chemiker Lothar Meyer, der Geologe Friedrich August Quenstedt, die sozial und politisch engagierte „Wohltäterin der Stadt" Mathilde Weber, der Orientalist Enno Littmann und viele mehr.

Auf dem Friedhof befindet sich aber auch das Gräberfeld X, eine Gedenkstätte an über 500 Opfer nationalsozialistischer Gewaltherrschaft, deren Körper noch im Tod dem Anatomischen Institut der Universität gedient haben, bevor sie hier beigesetzt wurden: russische Kriegsgefangene, polnische Zwangsarbeiter, deutsche Widerstandskämpfer, Menschen aus Heilanstalten, Strafgefängnissen und Arbeitshäusern.

Den Rückweg nimmt man durch den 1805 angelegten und 1828 mit einem Arboretum ausgestatteten Alten Botanischen Garten, heute – seit der Eröffnung des Neuen Botanischen Gartens auf der Morgenstelle 1970 – ein gepflegter öffentlicher Park, ein Teil der grünen Lunge der Stadt. Ein Gedenkstein erinnert an Carl Correns, der als junger Dozent Ende des 19. Jahrhunderts die Mendelsche Vererbungslehre wieder entdeckte, ein leider meist verunziertes Denkmal ist Friedrich Hölderlin gewidmet.

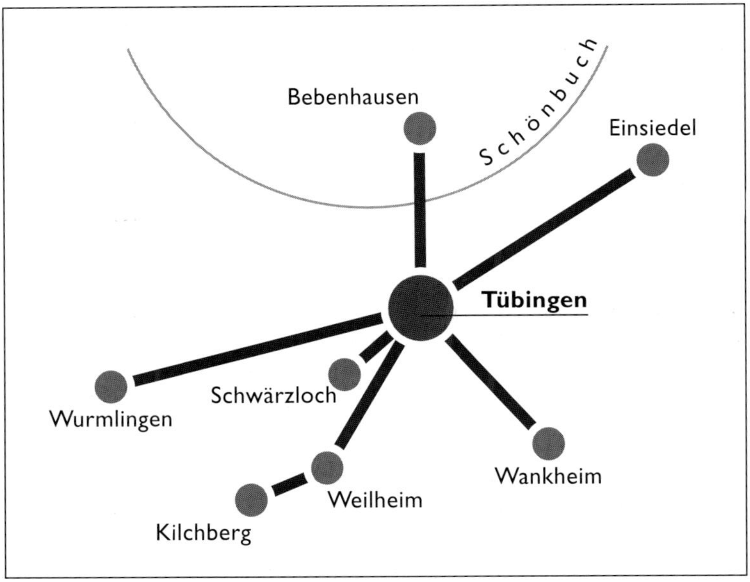

Sehenswertes in Tübingens Umgebung.

Sehenswertes in Tübingens Umgebung

Bebenhausen, die „Perle im Schönbuch“

Das 1089 von Zisterziensermönchen aus Schönau besiedelte ehemalige Kloster Bebenhausen gilt wegen seiner reizvollen landschaftlichen Lage und seiner eindrucksvollen Gestaltung als eines der schönsten Zisterzienserklöster. Berühmt sind der filigrane Dachreiter und das zweischiffige Sommerrefektorium, Meisterwerke gotischer Baukunst.

Fast unverändert hat sich die gesamte Klausur so erhalten, wie sie sich zur Zeit der Reformation, in der das Kloster aufgehoben wurde, darbot. Behutsam waren die Eingriffe des 19. Jahrhunderts im Außenbereich, der teilweise zum Jagdschloß der württembergischen Könige umgebaut wurde.

Dem 1918 abgedankten König Wilhelm († 1921) wurde Bebenhausen als Altersruhesitz zugewiesen, Königin Charlotte starb dort 1946. Nach dem Zweiten Weltkrieg dienten die Gebäude, Kloster und Schloß, bis zur Gründung des Bundeslandes Baden-Württemberg 1952 als Sitz der Verfassungsgebenden Versammlung und des Landtags von (Süd-) Württemberg-Hohenzollern. 1974 wurde der gesamte Ort unter Denkmalschutz gestellt, erstes Beispiel eines Gesamtanlagenschutzes in Baden-Württemberg.

Kirche des ehemaligen Klosters Bebenhausen. Aquarell von F. Rothbarth (1852)

Öffnungszeiten des Klosters:
Dienstag bis Freitag 9.00 bis 12.00 und 14.00 bis 17.00 Uhr,
Samstag, Sonntag und Feiertag von 10.00 bis 12.00 und 14.00 bis 17.00 Uhr;
Führungen zudem vom 1. April bis 31. Oktober Samstag, Sonntag und Feiertag je zur vollen Stunde.

***Besichtigung des Schlosses** (nur im Rahmen einer Führung möglich): 1. April bis 31. Oktober Samstag, Sonntag und Feiertag um 10.00, 11.00, 14.00, 15.00 und 16.00 Uhr*
Bei der Kasse findet man reichlich Literatur zum Kloster und Schloß.

Bebenhausen bietet sich auch als guter Ausgangspunkt für Wanderungen in den Schönbuch an.

Einsiedel, Schloß und Lehrpfad

Am Östlichen Rand des Schönbuchs auf Gemarkung Kirchentellinsfurt liegt das Hofgut Einsiedel, einst ein Lieblingsort des württembergischen Grafen Eberhard im Bart. 1482 ließ er hier ein Jagdschloß bauen, 1492 daneben ein klösterliches Stift St. Peter im Einsiedel, das er den Brüdern vom gemeinsamen Leben übertrug und zu seiner persönlichen Begräbnisstätte erwählte. Das Stift ist in nachreformatorischer Zeit abgegangen, Eberhards Grab wurde 1537 in die Tübinger Stiftskirche überführt. Doch die Schloßanlage ist noch gut zu erkennen, ein 1619 neu errichteter Flügel steht noch ganz. Und inmitten der Anlage kann ein Weißdorn bewundert werden, der ein Nachkomme jenes Ablegers sein soll, den Graf Eberhard 1468 aus dem Heiligen Land mitgebracht und Ludwig Uhland in einem Gedicht bekannt gemacht hat.

Beim Schlößchen beginnt ein interessanter und gut ausgeschilderter Lehrpfad, der zu archäologischen Funden (eine keltische Viereckschanze, Rest einer römischen Jupitergigantsäule, Grabhügel) und geschichtlichen Relikten (mittelalterliche Grenzsteine) führt sowie die wirtschaftliche und jagdliche Nutzung des Schönbuchs darstellt.

Kilchberg, Keltengrabhügel

Wer den Keltengrabhügel besuchen möchte, nimmt – von Tübingen kommend – anfang Orts die erste Abzweigung in ein Neubaugebiet (Flachdachbungalows), fährt dann die zweite Straße nach links (Zürcher Straße) bis zum Grabhügel. Der 1968 bei Bauarbeiten entdeckte Hügel, der zwei Gräber beherbergt, hat einen Durchmesser von 13 Meter. Er wird umringt von einem lückenlosen Kranz aus 48 senkrecht gestellten, rund 70 cm hohen Platten aus Stubensandstein, von denen zwei eine geometrische Verzierung aus konzentrischen Kreisen tragen; auf seinem Scheitel steht eine menschenähnliche Steinfigur. Die bei der archäologischen Untersuchung gefundenen Keramikstücke aus dem Grab 1 datieren in die ältere (8. bis 7. Jahrhundert v. Chr.), Beigaben in Grab 2 in die jüngere Hallstattzeit (6. Jahrhundert v. Chr.). Das äußere Erscheinungsbild des insbesondere durch seine menschliche Großplastik beeindruckenden Bodendenkmals weist auf Beziehungen zum italisch-etruskischen Raum.

Sehenswert sind in Kilchberg zudem das im Privatbesitz (Freifrau von Tessin) befindliche Schloß (Blick durch das Hoftor) und die Kirche mit hervorragenden Grabdenkmälern der Freiherren von Ehingen, der Schloß- und Dorfherrschaft aus dem 16. Jahrhundert (Schlüssel und Informationsbroschüre im nur wenige Schritte entfernten Pfarrhaus).

Schönbuch

Der Schönbuch ist mit seinen 15 500 ha das größte zusammenhängende Waldgebiet Württembergs, ein beliebtes und mit vielen Wander-, Rad- und Reitwegen versehenes, gut erschlossenes Erholungsgebiet (Wildgehege und Grillplätze). Über seine Geschichte, Bedeutung und Nutzung informiert anschaulich das Schönbuchmuseum in Waldenbuch.

Öffnungszeiten:
Mittwoch, Samstag und Sonntag 14.00 bis 17.00 Uhr.

Zahlreiche Wandervorschläge mit guten Erläuterungen enthält der vom Schwäbischen Albverein herausgegebene und im Konrad Theiss Verlag erschienene Führer Schönbuch – Tübingen – Rammert.

Schwärzloch

Wer von Tübingen Richtung Herrenberg fährt, kann gleich nach dem Ortsausgang links auf der Höhe das bekannte Ausflugslokal Schwärzloch sehen, eine entsprechende Abfahrt von der B 28 kommt nach 300 m. Wer „einkehren“ will, kann hier – bei schönem Wetter im Freien – gut Schwäbisch vespern und essen oder „Mostbowle“ trinken und den Blick über die Felder nach Tübingen genießen.

Dazu bietet die Gaststätte eine kulturhistorische Besonderheit und ein kunsthistorisches Erleben, ist sie doch in einer profanierten Kirche aus dem 12. Jahrhundert untergebracht. Erhalten ist der romanische Chor mit einer halbrunden Apsis, die außen Lisenen, Rundbogen- und Zahnschnittfriese trägt. Im Innern öffnet sich der quadratische Chorraum zum Langhaus in einem spitzen Bogen. Er wird getragen von einem Kreuzrippengewölbe auf Ecksäulen mit flachreliefierten Kapitellen und attischen Basen. Besonders bemerkenswert ist von außen die südliche Längswand, die vom Innenhof her betrachtet werden kann. An ihr findet man Reste eines ehemaligen romanischen Säulenportals (eines der ersten in Süddeutschland) und unter dem Dach ein doppelt gekehltes Traufgesims, das Teile eines Rundbogenfrieses mit Fabelwesen und vegetabilischen Symbolen aufweist.

Wankheim, jüdischer Friedhof

Zwischen Wankheim und Kusterdingen (von Tübingen nach Reutlingen, Abfahrt Wankheim nehmen und dann Ausschilderung folgen) liegt der 1774 angelegte Friedhof, der zunächst den in Wankheim ansässigen Juden, später – seit der 2. Hälfte des 19. Jahrhunderts auch den Tübinger und Reutlinger Juden als Begräbnisstätte diente. Etwa 140 Grabsteine sind erhalten, die nachdrücklich Zeugnis ablegen von einem blühenden jüdischen Leben, das durch die nationalsozialistische Verfolgung vernichtet wurde.

Den Schlüssel zum Friedhof erhält man im Rathaus Wankheim (von 8.00 bis 12.00 Uhr) oder bei Fam. Braun, Heerstraße 16.

Wer mehr darüber wissen möchte, für den gibt es eine von Frowald Gil Hüttenmeister bearbeitete Dokumentation über den Friedhof und seine Grabdenkmäler: Band 7 der Beiträge zur Tübinger Geschichte. Theiss Verlag Stuttgart 1995.

Weilheimer Stele

Ein ganz außergewöhnliches und äußerst seltenes Zeugnis vorgeschichtlicher Zeit kann man in Weilheim besichtigen. Von Tübingen kommend biegt man gleich am Ortseingang die erste Straße rechts ab (von der „Alten Landstraße“ in den „Herrenweg“), parkt und geht den Herrenweg entlang wenige Schritte ortsauswärts in Richtung Kilchberg. Unübersehbar steht man dann vor der „Weilheimer Stele“, einem 4,25 m hohen, mit fünf Stabdolchen und einem Mondsichel ähnlichen Gebilde verzierten Menhir. Seine Flachreliefs lassen ihn in die frühe Bronzezeit, also in das beginnende 2. Jahrtausend v. Chr. datieren.

Bei der Stele von Weilheim, die wohl zu einem Begräbnis- oder Kultplatz gehörte, handelt es sich um einen einzigartigen Fund, einmalig im Raum nördlich der Alpen. Vergleichbare Menhire, allerdings wesentlich kleiner, sind nur aus Südtirol und Oberitalien bekannt, was auf erstaunliche Kontakte des Neckarraums um Tübingen mit dem Alpengebiet und Oberitalien hinweist.

Wurmlinger Kapelle

Ein geradezu klassischer Spaziergang führt vom Tübinger Schloß zur Wurmlinger Kapelle (etwa 1 1/4 Std. einfache Strecke. Wer es eilig hat, kann mit dem Auto nach Wurmlingen fahren – Parkplatz aus Richtung Hirschau kurz vor Ortsbeginn rechts – und von dort in etwa 20 Minuten zur Kapelle hoch steigen).

Der hinter dem Tübinger Schloß beginnende Höhenwanderweg, der immer wieder bezaubernde Blicke ins Neckar- und ins Ammertal erlaubt, führt zunächst vorbei am Haus der Burschenschaft Derendingia (Schloßbergstr. 5) sowie an den Häusern der Akademischen Verbindungen Igel und Virtembergia (Nr. 7 und 9), die Burgen gleich den Südtrauf des Schloßberges bekrönen. Rechts folgt dann (Nr. 34) das sogenannte Goethehäuschen, ein sechseckiges Gartenhaus, in dem 1797 Goethe zu Gast war bei dem Apotheker Dr. Christian Gottlieb Gmelin. Vorbei am Bismarckturm, einem „steinernen Relikt patriotischer Begeisterung“ kommt man schließlich zum Spitzberg, einem Naturschutzgebiet mit einer großen Artenvielfalt (2 000 Pflanzenarten, 88 Schneckensorten, über 1300 verschiedene Käfer). Dem Spitzberg entlang durch

Mischwaldgebiet führt der Weg schließlich über einen sanft geschwungenen Sattel zur Wurmlinger Kapelle.

Berühmt ist die exponierte Lage der Kapelle auf dem Berg und der Blick von dem sie umgebenden Friedhof rings ins Land. Sehenswert ist auch die Krypta aus dem Anfang des 12. Jahrhundert mit ihren romanischen Säulen und den Hirsauer Würfelkapitellen.

Geöffnet Mai bis Oktober bei schönem Wetter sonntags
von 10.00 – 16.00 Uhr. Gottesdienst 10.30 Uhr.
Sonst meist verschlosssen, Schlüssel im Pfarrhaus, gegenüber
der Dorfkirche, Lindenstraße 2, Telefon 0 74 72 / 17 90
oder beim Meßner, Telefon 2 21 22

Zahlreiche Dichter besangen die Kapelle und ihren Friedhof auf dem Berg, etwa Nikolaus Lenau 1831 nach einem Spaziergang mit Ludwig Uhland:

„Luftig, wie ein leichter Kahn,
Auf des Hügels grüner Welle
Schwebt sie lächelnd himmelan,
Dort die friedliche Kapelle."

Am bekanntesten freilich wurde das auch vertonte und noch immer gesungene Gedicht von Ludwig Uhland selbst:

„Droben stehet die Kapelle,
Schauet still in's Tal hinab.
Drunten singt bei Wies' und Quelle
Froh und hell der Hirtenknab."

Die Wurmlinger Kapelle.

Ausflüge in die Umgebung

Burg Hohenzollern Besichtigungen sind im Rahmen einer Führung möglich:
1. April bis 31. Oktober täglich 8.00 bis 17.30 Uhr,
1. November bis 31. März Montag bis Freitag 8.00 bis 16.30 Uhr,
Samstag und Sonntag 9.00 bis 16.30 Uhr (Telefon 0 74 71 / 24 28).

Lichtenstein Die 1841/42 nach Plänen des Architekten Carl Alexander Heideloff errichtete romantische Ritterburg kann im Rahmen einer Führung besichtigt werden:
April bis Oktober täglich, November, Februar und März nur Samstag, Sonntag und Feiertag jeweils von 9.00 bis 12.00 und von 13.00 bis 17.00 Uhr (Telefon 0 71 29 / 41 02).

Rottenburg Römisches Stadtmuseum (Sumellocenna-Museum):
Geöffnet Dienstag bis Freitag 10.00 bis 12.00 und 14.00 bis 16.00 Uhr, Samstag, Sonntag, Feiertag 10.00 bis 16.30 Uhr (Führungen nach Vereinbarung, Telefon 0 74 72 / 16 53 71).

Diözesanmuseum:
Geöffnet Dienstag, Mittwoch und Freitag 14.00 bis 17.00 Uhr, Donnerstag 14.00 bis 18.30 Uhr, Samstag 10.00 bis 13.00 und 14.00 bis 17.00 Uhr, Sonntag 11.00 bis 17.00 Uhr (Führungen nach Vereinbarung, Telefon 0 74 72 / 92 21 80).

Waldenbuch Museum für Volkskultur in Württemberg. Zweigstelle des Württembergischen Landesmuseum.
Schloß Waldenbuch: *Geöffnet Dienstag bis Samstag 10.00 bis 17.00 Uhr, Sonntag 10.00 bis 18.00 Uhr (Führungen nach Vereinbarung, Telefon 0 71 57 / 82 04).*

Tips und Informationen

Auto- und Spielzeugmuseum „Boxenstop“
Brunnenstr. 18, 72074 Tübingen, Telefon 07071/92900
Geöffnet von April bis Oktober Mittwoch bis Sonntag und Feiertag 10.00 bis 12.00 und 14.00 bis 17.00 Uhr, sonst nach Vereinbarung.

Bürger- und Verkehrsverein
An der Neckarbrücke Postfach 2623, 72016 Tübingen, Telefon 07071/91360, Fax 35070
Stadtführungen in fast allen Sprachen, Vermittlung von Hotelzimmern, Theater- und Konzertkarten, Souvenirs, Bücher, Stadtpläne, Stocherkahnfahrten, Veranstaltungskalender, Poster.

Campingplatz
Rappenberghalde 61, 72070 Tübingen, Telefon 07071/43145 oder 91360. *Geöffnet vom 1. April bis 15. Oktober täglich von 7.00 bis 13.00 und von 15.00 bis 22.30 Uhr.*

Jugendherberge
Gartenstraße 22/2, 72072 Tübingen, Telefon 07071/23002.

Kunsthalle
Philosophenweg 76, 72072 Tübingen, Telefon 07071/96910
Täglich außer Montag von 10.00 bis 18.00 Uhr geöffnet (Vorsicht: Wechselausstellungsbetrieb, etwa alle acht Wochen für einige Tage wegen Ab- und Aufbau geschlossen).

Neuer Botanischer Garten auf der Morgenstelle
fünf Gewächshäuser (Tropicarium, Sukkulenten-, Aquarien- und Paramo-Haus), 5 ha Freilandanlagen.

Öffnungszeiten für das Freiland täglich von 7.30 Uhr bis 16.45 Uhr, Gewächshäuser werktags von 7.30 bis 11.45 und von 13.00 bis 16.30, Sa und So von 10.00 bis 11.45 und von 13.30 bis 16.30 Uhr.

Stadtführungen und Stocherkahnfahrten
können beim Bürger- und Verkehrsverein (siehe dort) gebucht werden.
Weitere Informationen im Internet:
Stadtinformationen: *http://tuebingen.de*
tagblatt-online: *http://www.tagblatt.de*
CityInfoNetz: *http://www.cityinfonetz.de*

Tourist-Information
siehe Bürger- und Verkehrsverein

Unterjesinger Kelter
Geöffnet: Mai bis November 1. Sonntag im Monat
11.00 bis 17.00 Uhr
Führungen sind auch außerhalb der Öffnungszeiten möglich:
Telefon 07073/7550.

Benutzte und weiterführende Literatur
(Auswahl)

Herbert Aderbauer: Das Tübinger Spital und der Wandel seiner sozialen Funktion in der frühen Neuzeit. *(Beiträge zur Tübinger Geschichte, Band 9). Stuttgart 1997. ISBN 3-8062-1275-9.*

Das andere Tübingen. *Kultur und Lebensweise der Unteren Stadt im 19. Jahrhundert. Herausgegeben im Auftrag der Tübinger Vereinigung für Volkskunde. Tübingen 1978.*

Hansmartin Decker-Hauff und Wilfried Setzler: Die Universität Tübingen von 1477 bis 1977 in Bildern und Dokumenten. *Tübingen 1977.*

Max Eifert: Geschichte und Beschreibung der Stadt Tübingen. *Tübingen 1849.*

Ingrid Gamer-Wallert und Gabriele Steffen: Tübingen. *Eine Stadt und eine Universität. Tübingen 1995. ISBN 3-89308-225-5.*

Joachim Hahn und Hans Mayer: Das Evangelsiche Stift in Tübingen. *Geschichte und Gegenwart - Zwischen Weltgeist und Frömmigkeit. Stuttgart 1985. ISBN 3-8062-0372-5.*

Helmut Hornbogen: Tübinger Dichter-Häuser. *Literaturgeschichten aus Schwaben. Ein Wegweiser. Tübingen 1989.*

Helmut Hornbogen: Der Tübinger Stadtfriedhof. *Wege durch den Garten der Erinnerung. Tübingen 1995. ISBN 3-928011-16-2.*

Rudolf Huber: Tübingen. *Antlitz einer schwäbischen Stadt. 2. Aufl. Tübingen 1960.*

Hermann Jantzen: Stiftskirche in Tübingen. *(Beiträge zur Tübinger Geschichte, Band 5). Stuttgart 1993. ISBN 3-8062-1112-4.*

Walter und Inge Jens: Die kleine große Stadt Tübingen. *Stuttgart 1981. ISBN 3-8062-0268-0.*

Jürgen Jonas (Hrsg.): Tübingen zu Fuß. *Hamburg 1994. ISBN 3-87975-537-X.*

Joachim Köhler und Dieter Manz: Die Wurmlinger Kapelle. *Sage, Geschichte, Dichtung, Kunst. Sigmaringen 1985. ISBN 3-7995-4077-6.*

Udo Rauch: Zwischen Ammer und Neckar. *Das Tübinger Stadtbild im Wandel. (Tübinger Kataloge, Nr. 42). Tübingen 1994. ISBN 3-910090-11-7.*

Reutlingen-Tübingen. *Baedeker Reiseführer. Ostfildern 1996. ISBN 3-89525-252-2.*

Benigna Schönhagen: Tübingen unterm Hakenkreuz. *Eine Universitätsstadt in der Zeit des Nationalsozialismus. (Beiträge zur Tübinger Geschichte, Band 4). Stuttgart 1991. ISBN 3-8062-0838-7.*

Jürgen Sydow: Geschichte der Stadt Tübingen. I. Teil. *Von den Anfängen bis zum Übergang an Württemberg 1342. Tübingen 1974.*

Tübingen, in: Der Landkreis Tübingen. *Amtliche Kreisbeschreibung. Band III. Stuttgart 1974, S. 2-288.*

Tübingen Brevier. Der Führer durch die alte Universitätsstadt am Neckar. *Herausgegeben vom Bürger- und Verkehrsverein. 10. Aufl. Tübingen 1991. ISBN 3-9801276-3-X.*

Michael Weiß: Das Tübinger Schloß. *Von der Kriegsfeste zum Kulturbau. Verlag Schwäbisches Tagblatt, Tübingen 1996. ISBN 3-928011-20-0.*

Personenregister